편역 事大文軌 3

동북아역사 자료총서 53

동북아역사재단
NORTHEAST ASIAN HISTORY FOUNDATION

• 이 책은 2020년도 동북아역사재단 기획연구 수행 결과물임(NAHF-2020-기획연구-15).

서문 및 해제

이번에 출간된 《편역 『事大文軌』 3》(이하 『事大文軌』 권12)은 동북아역사재단 기획연구 사업의 일환인 『事大文軌』 역주 시리즈의 한 결과물이다. 권12에는 음력으로 1594년 10월부터 1595년 3월까지 조선과 명이 주고 받은 외교 문서가 수록돼 있다. (단, 요동도지휘사사에서 1594년 2월 6일에 발송된 자문이 유일하게 이 기간을 벗어난다.) 1593년 9월을 시작으로 명은 일 년 만에 조선에서 잔여 부대까지 철수시켰지만 일본군은 여전히 일본으로 돌아가지 않고 남해안의 일부 지역을 점거하고 있었다. 『事大文軌』 권12는 명군의 완전 철수 직후 약 6개월간 조선과 명이 전쟁의 종결을 위해 어떻게 공조 체제를 유지하고자 했는가를 구체적이고 계기적으로 살펴볼 수 있는 내용들로 구성돼 있다. 특히, 이 시기 조선의 종전 해법이 무엇이었는가를 외교 문서라는 공식적인 채널을 통해 보다 면밀하게 들여다볼 수 있다는 데 의의가 크다고 할 것이다.

조선·명·일본 간 최대 관심사 중 하나는 일본 국왕의 책봉 여부였다. 본 사안은 조선이 요청하고 명이 승낙하는 형식으로 일단락됐지만 풀어야 할 현안들이 많이 남아 있었다. 명은 일본군의 완전 철수가 전제되지 않으면 책봉이 불가능하다며 조건부로 승인했다. 일본군이 남해안으로 철수한 지 2년이 넘도록 수만의 병력을 남겨 둔 사실을 알고 있었고, 조선이 이러한 장기 점거를 근거로 꾸준히 재침 가능성을 제기했기 때문이다. 우리는 『事大文軌』 권12를 통해서 명 조정이 책봉을 결정했으면서도 동시에 일본과의 교섭 결렬 시 확전 방지를 위해 군사행동을 준비하는 이중의 대응 계획을 수립했음을 살펴볼 수 있다.

명은 책봉의 전제 조건인 일본군의 완전 철수를 관철시키기 위해서 직접 관원을 파견하고 조선에게도 사찰을 요청했다. 그리고 후속 조치의 일환으로 참전 명군에 대한 포상을 위해서 조선에 보관된 군향을 반송할 것을 요구했다. 또한 전몰 명군을 위해서 평양·개성·벽제·왕경(한성)에 제단을 설치하고 매년 조선의 사신이 귀국할 때 치제하도록 했다. 이와 함께 만약의 사태를 대비해 약 3,700명의 보병 부대를 조선에 파견하되 주둔 시 소요되는 군량과 급료 일체를 조선이 지불할 것을 요청했다. 수차례의 자문을 통해 조선이 즉각적으로 지원할 수 있는 물품과 물량을 항목별로 알려줄 것을 요구했고, 지속 가능한 조달을 위해서 경종과 수확 등 군향의 생산과 관리에 철저히 임할 것을 당부했다. 협동방어의 목적으로 지휘관·인솔 장관(將官)·병력을 포함하는 상세한 정보와 더불어 책봉 이후 조선의 대응책도 요구했다.

한편, 『事大文軌』 권12 속 조선의 문서를 통해서 우리는 조선이 기본적으로 명의 결정이나 요구에 부응하되 자국 안보를 원칙으로 현실주의 외교 노선을 견지했음을 알 수 있다. 명의 책봉과 일본군의 완전 철수를 환영하지 못할 이유는 없었지만 수년간 자국 땅을 침범해 무단으로 점거하고 있는 일본군을 지켜본 조선으로서는 일본군의 완전 철수에 대해서 회의적이었다. 명이 일본군의 철수 진행에 대한 조사를 요구하자 조선은 일본군이 책봉사를 기다리는 것이 확실하지만 책봉사의 도착 이전에 완전히 철수할지에 대해서는 신중한 입장을 표명한 사례들에서 그 단서를 찾을 수 있다. 일본 사신단이 책봉을 명분으로 조선의 내지를 거쳐 북경으로 가는 문제를 거론한 대목도 특기할 만하다. 전쟁을 통해 체험한 일본군의 교활함을 근거로 만약 명과 일본 양국 간 정기 교류의 기회가 열린다면 어떤 우환이 발생할지 모를 뿐 아니라 일본 사신단이 요동과 연접한 조선을 경유해서 명의 내지로 들어가는 것은 더더욱 화근을 키우는 결과를 낳을 수 있음을 역설했다.

명군의 재파병과 관련해서는 조달할 수 있는 물량을 3,000 병력의 8개월 치 양료(糧料) 공급분 2만석으로 한정함으로써 부분 지원만을 약속했다. 이러한 주장을 관철시키기 위해서 일본군과 대치 중인 자국 군대에 대한 군량 조달마저 어려운 상황을 강조하며 재파병 시기 조율의 필요성을 제기하거나 이전의 명군 주둔 시 자체적인 군수 보급 체제를 가동하고 필요한 경우 조선에 협력을 요청한 사실을 상기시켰다. 또한, 일본군과의 공식 접촉 및 포로 공초를 통해 (1595년) 2월 5일 재침설 등 전쟁 재발과 관련한 정보를 획득할 때마다 명과 공유하면서 화친과 재침의 두 목소리를 내는 일본에 대한 자국의 강한 불신감을 표명하고 대책 마련을 주문했다. 그리고 명이 조선군의 배치와 관련한 정보를 포함한 대책을 요구하자 지휘관·장관·작전지역을 비롯하여 병력과 병종을 열거하면서 명이 다시 참전할 경우 현재 개발한 자국의 방위 체제를 그대로 유지할 것을 제시했다. 일본군 포로 문제와 외교 사절의 왕래에 있어 개선책 등 기타 조선·명 간 군사 외교 현안에 대해서도 입장을 밝혔다.

요컨대, 『事大文軌』 권12를 통해서 우리는 명군의 완전 철수 이후에도 계속된 일본군의 남해안 주둔에 대해 조선과 명이 어떻게 교섭력과 군사력이라는 두 수단을 병용하되 양방향 소통을 통해서 자국 안보와 지역 안보를 재확립하고자 했는가를 구체적으로 들여다볼 수 있다. 특히, 명은 책봉과 선제적 방어라는 이중의 대응 방침을 기조로 조선과 함께 일본을 몰아내고자 했음을 확인할 수 있다. 조선의 경우, 명과의 공조에 최선을 다하면서 동시에 자체적으로 군비(軍備)를 강화하는 두 갈래의 대응책을 마련하며 '할 말은 하는' 방식의 상호 협력을 추구했음을 확인할 수 있다. 이런 측면에서 볼 때, 『事大文軌』 권12 역주는 16세기 말 조명 관계의 특성뿐만 아니라 오늘날 급변하는 동북아 정세 속 한중 관계의 향방을 탐색할 수 있는 역사학적 사고의 폭을 확장하는 데 기여할 것이다. 다음은 『事大文軌』 권12 수록 문서의 연번에 따라 각 문서에 대한 해제를 붙인 것이다.

『사대문궤』 권12 (『壬辰倭亂 史料叢書 1~8 對明外交』 영인본 2책 3~154쪽)

1. **都司欽奉聖旨先許倭封 (1a-4b)**
   요동도지휘사사(遼東都指揮使司)에서 명 조정이 남해안 주둔 일본군의 완전 철수를 전제로 해서 일본 국왕의 책봉을 허락한다는 내용으로 조선국왕 선조(宣祖)에게 보낸 자문이다. 책봉 결정 이전까지 명 조정에서는 책봉과 조공을 모두 허락할 것인가 책봉만 허락할 것인가를 두고 많은 논의가 있었고, 최종적으로 명의 만력제(萬曆帝)가 조선의 요청에 따라 히데요시의 책봉을 허락하되 일본군의 철수를 조건으로 내세운 사실을 살펴볼 수 있다. 또한 명 조정이 만약의 사태에 대비해 군비를 철저히 갖출 것과 책봉사의 조선 경유 시 접대와 경호에도 만전을 기할 것을 중심으로 하는 후속 조치도 마련했음을 알 수 있다.
2. **回咨 (4b)**
   선조가 요동도지휘사사에게 보낸 회자로 상기 내용에 대한 준행을 약속한다는 내용이 담겨 있다.
3. **本國咨報緊急賊情 (4b-6b)**
   선조가 요동도지휘사사에게 전라도에 표류한 300여 척의 일본 양선(糧船)을 돌려달라는 고니시 유키나가(小西行長) 측의 요청과 함께 1595년 1월 현재 일본군의 동태를 알린 자문이다. 난파 소식과 더불어 히데요시가 감군(監軍)을 파견하여 남해안 주둔 일본군으로 하여금 다시 조선을 침공하게 했는데, 1595년 2월 5일 전라도로 목표를 확정했다는 일본 측의 전언을 공유하며 일본군의 재침 가능성을 언급했다. 조선이 견지한 주전론의 입장을 반영한 것인데, 일본군의 재침설은 명일 간 강화교섭의 결렬과도 직결될 수 있는 사안이었다는 점에서 당시 조명 관계의 내면을 들여다보는 데 도움을 준다.

4. **回咨** (6b-7a)

요동도지휘사사에서 선조에게 보낸 회자로 계료총독군문(薊遼總督軍門) 손광(孫鑛)이 방비에 총력을 기울일 것과 곡식이 얼마나 비축되었는지를 조선 측에서 조사해 알려 줄 것에 관한 내용으로 구성돼 있다.

5. **都司咨處被脅人民** (7a-9b)

요동도지휘사사에서 선조에게 조선인 포로 송환과 관련하여 면사첩 발행을 통해 사면하고 수목(數目)을 포함한 그 결과를 직접 만력제에게 보고할 것을 요청하는 자문이다. 1593년 9월 경략 송응창은 일본군이 1~2만 명의 조선인 포로를 송환하려고 하나 이들이 조선의 보복을 피해 일본군을 따라 일본으로 건너가려 한다고 상부에 보고했고, 이에 대해 명 조정에서는 면사첩 발행 등 조선으로 귀환한 조선인 포로에 대한 초무(招撫) 대책을 1595년 2월 조선에 요청했다. 책봉 결정 직후 명 조정에서 어떤 방식으로 조선에 대해 전후 수습 대책을 준비하고자 했는가를 되짚어 볼 수 있다는 점에서 중요하다.

6. **回咨** (9b-11b)

선조가 조선인 포로 송환 관련 대책에 대하여 요동도지휘사사에게 보낸 회자로 주본을 보낼 것이라는 답신과 함께 이미 1593년 하반기 본 사안과 관련한 명의 요청에 대해 주본을 올린 사실 그리고 포로 중 장정은 항오에 편입시키고 노약자는 농사를 짓게 하며, 조선군에는 살상 금지를 엄히 신칙한 사실을 확인하는 내용을 담고 있다. 여기서 조선은 당시 송환된 조선인 2만 9,521명과 일본군 포로(降倭) 2명에게 쌀을 지급하고 본업에 종사하도록 진구했으며, 덧붙여 면사첩 1만 장을 마련해 초무하기를 계속해서 1595년 1월 현재 수천 명이 다시 돌아온 성과를 명과 공유함으로써 전쟁의 피해를 수습하려는 자국의 노력을 알렸다.

7. **都司查給各兵犒銀布花** (11b-15a)

요동도지휘사사에서 조선에 주둔했던 명군에 대한 포상 계획과 관련하여 조선의 왕경(王京=漢城) 창고에 비축된 자국의 남포(藍布)·백포(白布)·면화(綿花) 물량을 재조사하여 책봉 문제가 해결되면 수합해 반송할 것을 선조에게 알린 자문이다. 이 자문을 통해서 명군 지휘부가 1593년 하반기 당시 참전 병사들의 호궤를 위한 상기 항목의 지급에 있어 유격 오유충(吳惟忠)이 보고한 내용과 부총병 유정(劉綎)이 파악한 내용이 일치하지 않음을 인지한 것을 확인할 수 있다. 책봉 결정 직후 명 조정에서 다방면으로 전후 수습 대책을 수립하는 양상을 이해하는 데 일조한다.

8. 回咨 (15a-17a)

선조가 현재 조선에서 보관하고 있는 남포·백포·면화의 물량과 관련해 요동도지휘사사에 보낸 회자로 조선에서 보관한 백포와 면화의 물량과 명에서 제시한 두 항목의 물량에 차이가 생기는 이유에 대한 설명과 현재 보관 중인 상기 세 항목을 추후의 논의에 따라 조처할 것이라는 계획을 포함하고 있다.

9. 都司咨令降倭分籍各營 (17a-19a)

요동도지휘사사에서 선조에게 조선으로부터 보내진 일본군 포로 22명의 공초 사실을 알리며, 이후로는 일본군 포로를 호송해 보내어 (명군이) 심문하도록 하지 말고 조선의 영(營)과 보(堡)에 나누어 안착시켜 줄 것을 요청한 자문이다.

10. 回咨 (19a-19b)

선조가 요동도지휘사사에게 보낸 회자로 일본군 포로 처리에 있어 앞으로는 조선 경내에 안착시킬 것을 확인하는 내용이다.

11. 張都司咨報船運山東米豆 (19b-21b)

요동도지휘사사에서 선조에게 보낸 자문이다. 산동 일대에서 마련해 보낸 명나라의 쌀과 콩 등 군량을 운반하는 과정에서 발생한 문제를 다루고 있다. 산동에서 조선으로 이동하던 군량선 가운데 몇 척이 폭풍으로 표류하다가 부안현 인근에서 해적의 약탈을 받은 사건에 대한 재조사 및 그밖에 지급된 쌀에 대한 구체적인 확인을 부탁하고 있다. 본 자문은 임진왜란 당시 산동 일대의 군량이 어떤 방식으로 조선에 이르렀는지를 보여준다.

12. 回咨 (21b-23b)

선조가 요동도지휘사사에게 보낸 회자로 1593~1594년에 걸쳐 받은 산동의 쌀과 콩의 주요 내역에 관한 내용이다. 또 부안현에서 발생한 사건의 처리 과정과 약탈된 이후 되찾지 못한 좁쌀을 가을 추수를 마친 뒤에 배상하겠다는 계획 등을 자세히 담고 있다.

13. 奉旨吊祭陣亡官軍 (23b-27a)

요동도지휘사사에서 당시 왕경·개성(開城)·벽제(碧蹄)·평양(平壤)에서 전사하거나 혹은 병으로 죽은 명군을 위한 제단을 설치하고 치제하는 일에 관해서 선조에게 보낸 자문이다. 순안산동감찰어사(巡按山東監察御史) 주유한(周維翰)이 올린 제본과 이에 관해 예부(禮部)에서 올린 제본에 대한 만력제의 성지 및 단사사(斷事司)의 정(呈) 등 주목할 내용이 많다. 아울러 만력제가 '민충(愍忠)'을 제단의 이름으로 정한 것을 알 수 있고, 본년(1594) 이후 조선에 재원을 대주고 제사를 대행하게 한 점도 알 수 있다. 또한 본문 안에 제사에 쓰일 구체적인 물품의 항목별 규모 및 당대에 은으로 환산한 가치를 알 수 있다. 해당 연도의 치제문(致祭文)과 제품(祭品)의 명단 및 수목이 수록돼 참고가 된다.

14. 回咨 (27a-29b)

선조가 요동도지휘사사에 보낸 회자로서 앞의 문서와 더불어 민충단(愍忠壇)의 설립과 치제를 결정하고 시행하는 배경을 구체적으로 알려 주는 자료이다. 본 문서에서 선조는 명의 자문을 받기 이전에 자체적으로 취해 온 조치를 기술했고, 아울러 긴박한 왜정(倭情)으로 인해 다소 소홀히 한 점을 자인했으며, 영병유격(領兵遊擊) 진운홍(陳雲鴻)이 가져온 은으로 해당 물품을 구입하여 치제의 실행에 대비하고 있음을 밝혔다.

15. 陳遊擊往諭釜山倭賊回巢 (29b-30b)

흠차경영좌영관유격장군사도지휘(欽差京營坐營管遊擊將軍事都指揮) 진운홍이 선조에게 보낸 자문이다. 진운홍이 부산에 도착하여 예전에 파견했던 유대무의 보고를 받고서 유키나가가 군대를 물리고 강화(講和)하겠다는 뜻에 진심이 느껴진다고 선조에게 알리는 내용이다. 당시 일본의 의도를 불순하게 보던 선조에게 방어를 해이하게 해서는 안 되겠지만 지나치게 의심할 필요도 없어 보인다는 의견을 제시한 것이다.

16. 回咨 (30b-33b)

선조가 진운홍의 자문에 대한 답신을 포함해서 명의 병부(兵部)에 보낸 자문이다. 흠차경영좌영관유격장군사도지휘 진운홍의 자문을 비롯하여, 그동안 자신이 보고 받은 내용들을 종합하여 보고한 것이다. 그간의 보고 내역이 상세하게 실려 있어 전후의 사정을 파악하기 좋은 자문이다.

17. 都司咨會本國治粮耕種 (33b-34a)

요동도지휘사사가 선조에게 보낸 자문이다. 군량에 관한 요동도사의 정문을 받은 손광이 정문에서 살펴보겠다고 한 선조의 자문에 대하여 별도의 정문을 작성할 것을 요구했다. 이에 따라 요동도지휘사사에서 이 사실을 선조에게 자문으로 알린 것이다.

18. 回咨 (34a-35b)

선조가 요동도지휘사사에게 보낸 회자로 명군의 주둔에 대비하여 군량 등을 마련하는 일에 관해 손광이 요구한 조사를 마친 것에 대한 일종의 결과 보고에 해당한다. 선조는 전쟁과 군량 운반으로 인해 수확이 예년의 $\frac{1}{3}$에 그쳤고, 2만 석의 군량을 확보했다고 기술했으며, 이는 3,000 병력의 8개월분, 5,000 병력의 5개월분이라고 밝혔다. 이에 따라 군량이 충분하지 않다는 사실을 총독군문에 대신 전해 줄 것을 요청했다.

19. 査問本國軍兵 (35b-36a)

요동도지휘사사가 선조에게 보낸 자문이다. 손광이 강화를 전적으로 믿을 수 없고, 또 선조가 반복적으로 요청했듯이 예기치 못한 상황에 대처해야 하는 만큼 조선의 군비 실태를 조사하라고 내린 헌패의 내용이다. 요동도사는 이 점을 자문으로 알리며 선조에게 조선의 군사 대비 태세에 관한 제반 사항을 조사해서 회답하여 향후 명군과의 연합작전에 대비할 수 있게 해 줄 것을 요청했다.

20. 回咨 (36b-40b)

선조가 요동도지휘사사에게 보낸 회자로 총독군문과 요동도사에서 요청한 군사 대비 실태를 조사하여 그 구체적인 현황을 열거하였다. 각 지휘관의 주둔지, 예하 병력(병종 포함), 현재 수행 중인 임무 등이 보인다.

21. 本國禁耕邊界 (40b-42b)

선조가 요동도지휘사사에 보낸 자문이다. 평안도 창성 건너편의 황무지를 개간하겠다는 한인들을 금지해 줄 것을 요청한 내용이다. 조선은 이 지역이 오랑캐들 특히, 건주우위(建州右衛)와 가까워 여러 가지 문제를 발생시키고 긴장 상태를 야기할 수 있다고 보았다. 이에 따라 요동도지휘사사에 자문을 보내고 본 사안에 대한 실질적인 영향력을 지닌 포정사사(布政使司)에게 대신 전해 줄 것을 요청했다.

22. 都司査考天糧見在實數 (42b-44a)

요동도지휘사사에서 선조에게 보낸 자문이다. 손광이 평양에 저축된 군량과 콩의 현황에 대한 참군 왕명화(汪鳴和)의 보고를 받고 썩은 것은 없는지, 현재 먹을 수 있는 상태인지 등 현재의 실태에 대해 구체적으로 조사하고 아울러 조선의 실무자에 해당하는 평안도관찰사 이원익(李元翼)의 보증서까지 받아올 것을 지시한 내용을 전달한 글이다.

23. 回咨 (44a-45b)

선조가 요동도지휘사사에게 보낸 회자로 손광의 요구에 따라 평양에 저축된 명의 군량과 콩의 현황, 썩은 것은 없는지, 현재 먹을 수 있는 상태인지 등을 조사하여 보고한 내용이다. 총독군문의 요구에 따라 조선은 호조에 본 사안을 위임했고, 호조에서는 이원익의 보고를 받아 현재의 수효가 정확하고 썩은 것이 없어서 먹을 만하다고 계문(啓聞)하였다. 이를 선조의 명의로 요동도사에 회보하고, 이를 다시 총독군문에 전달해 줄 것을 요청했다.

24. 都司偵探倭賊渡海 (45b-46a)

요동도지휘사사가 손광의 지시 사항에 대하여 조선에 보낸 자문이다. 일본군이 조선에서 철수했는지 여부는 명 조정에서 이루어진 책봉사 파견 논쟁에서 중요한 부분이었다. 손광은 요동도지휘사사를 통해 조선으로 하여금 일본군의 철수 여부를 조사해 보고하게 하였다.

25. 回咨 (46b-48a)

선조가 요동도지휘사사에 보낸 회자로 조선이 명 측의 요구에 따라 부산에 있는 일본군 진영의 상황을 살펴 보고한 내용을 정리하였다. 일본군이 책봉사 도착을 기다려 철수하겠다는 의사를 보이지만 책봉사를 기다린다는 핑계로 계속 머물러 있으니 방비를 굳게 해야 할 것이기에 정탐을 통해 보다 정확하게 상황을 판단해서 철수 여부를 알려 주기로 했다.

26. 兵部責差陪臣修好日本 (48b-49a)

병부가 선조에게 보낸 자문으로 선조가 일본 국왕 책봉을 요청하여 황제가 이를 허락했다는 내용이다. 황제는 병부로 하여금 일본군이 모두 철수하고, 선조의 주문이 도착하는 것을 기다려 책봉 문제를 매듭짓도록 했고, 병부는 선조에게 배신(陪臣)을 부산에 파견해 고니시 유키나가를 만나 철수하게 하고, 이를 주문으로 보고할 것을 요청했다.

27. 回咨 (49b-52b)

선조가 병부에 보낸 회자로 박진종(朴振宗)을 부산에 보내어 일본군 측과 대화한 내용을 담고 있다. 일본군은 책봉사가 도착하면 일시에 도해하겠다는 의견을 전달하면서, 아울러 명군의 명에 따르며 오직 책봉사를 기다리느라 머물러 있을 뿐이라는 고니시 유키나가의 서신을 전사(轉寫)하여 전달했다. 조선은 직접 확인한 정보를 토대로 일본군이 책봉사를 기다리는 것은 사실로 보인다는 의견을 전달했다.

28. **陳千摠揭** (52b-55a)

조선군을 교습하기 위해 명군이 파견한 천총 진양기(陳良璣)가 선조에게 조선의 군제 개편 및 훈련에 관하여 건의한 서신이다. 과거 명의 해안을 침략하던 왜구를 척계광의 병법으로 평정한 내용을 소개하면서, 조선은 땅도 넓지 않고 백성도 부족하여 병농(兵農) 분리가 어려우므로 병농을 하나로 하되 순번을 나누어 훈련하고 농기를 잃게 하지 않는다면, 비록 촉나라와 같이 좁은 국토를 가졌을지라도 국력을 유지할 수 있을 것이라고 조언했다.

29. **回揭** (55a-55b)

진양기의 서신에 대한 선조의 답신으로 조언에 감사를 표하면서 병농합일론을 유념할 것이며 조련하는 일에 힘을 다해 줄 것을 부탁하는 내용이다.

30. **布政咨會封倭善後** (55b-59a)

흠차분수요해동녕도겸리변비둔전산동포정사우참의(欽差分守遼海東寧道兼理邊備屯田山東布政司右參議) 양호(楊鎬)가 병부의 논의를 거친 만력제의 명에 따라 선조에게 일본군 철수 직후 취할 조치 사항을 전달하며 장기적인 선후책을 요청한 자문이다. 사후 조치와 관련한 구체적인 문의 내용은 ① 명군에게 지급할 군량과 비용의 충분 여부와 지급 장소, ② 투항 왜인과 피로 조선인을 어떻게 초무하고 안삽(安插)할 지에 대한 것, ③ 각 도포(島浦)의 험요지를 선정하여 어떤 관원이 담당할 것인지, ④ 조선의 방비 내용 및 선후책에 대한 것, ⑤ 중국에 왕래하는 인원 중 해를 끼치는 자에 대한 명단, ⑥ 연로의 공관을 수리하여 왕래에 편의를 제공할 것으로 구성된 6개 항목이다.

31. **回咨** (59a-68a)

선조가 6개의 항목에 대해서 양호에게 보낸 회자로 ① 조선의 경작 상황이 어려워 2만 석으로 3,000 병력의 8개월 분량을 제공할 수 있음, ② 투항 왜인에 대한 조선의 조처 및 명 측의 오해를 바로잡음, ③ 조선군 배치의 현황 및 조선 수군의 강점 설명, ④ 조선 군제의 문제와 전쟁 중 병력 동원과 군량 조달의 어려움을 설명하고 군비 및 책봉 문제가 명과도 직결되는 사안임을 강조, ⑤ 유정의 금약 이후 폐해가 사라지기는 했으나 여전히 발생하는 문제에 대해서는 조선이 처리하기는 어려우니 명군 지휘부에서 단속해 줄 것, ⑥ 의주에서 평양 그리고 충청에서 전라까지는 공관을 갖추고 있으나 나머지 공관은 피해를 입었고 즉시 수리하게 할 것이나 기한에 못 미칠 수도 있을 것이라는 내용을 담고 있다.

32. **都司查議留兵月銀口粮等事** (68a-71a)

요동도지휘사사에서 명군의 재파병 시 어느 정도의 병력이 필요하며 몇 개월분의 양향(糧餉)을 보급할 수 있는지에 관하여 선조에게 보낸 자문이다. 파병할 병마의 군량 일체를 조선에서 마련할 것을 전제로 경종에 최선을 다해 군대 동원 계획에 차질이 없게 할 것을 요구했다. 그리고 명군 3,700명과 말 200필을 동원할 경우 전군의 일별 지급액 및 월별 총액을 기재한 내역을 별첨했다.

33. **回咨** (71a-73a)

선조가 요동도지휘사사에게 보낸 회자로 조선은 3,000 병마를 파병할 경우 부분적으로 8개월분에 해당하는 군량을 조달할 수 있다는 내용이다. 이전에 유정이 주둔할 때는 명에서 직접 군량을 보급했고, 부족한 부분에 대해서 조선이 지원한 사실을 상기시키며 향후 파병 시에도 군량 전부를 조달할 수 없음을 강조했다. 또한 현재 미곡 소출이 대단히 미진한 관계로 일본군과 대치하는 조선군조차도 군량 공급이 제대로 이루어지지 못하는 열악한 상황을 알림으로써 전액 군량 지원의 불가함을 역설했다.

34. **都司咨令本國封使官丁欽賜銀兩買粮食用** (73a-76a)

요동도지휘사사가 선조에게 보낸 자문으로 조선이 기근으로 긴급히 요청한 쌀 2만 석을 운송할 수 없고, 압록강 중강 개시를 통한 군량 자원 조달도 어렵다는 내용이다. 이 자문에는 책봉사 일행이 조선을 경유하여 일본으로 갈 경우 사신단과 호송 병력을 포함한 1,500여 명의 경비를 매매를 통해 조선에서 지출할 수 있도록 하는 만력제의 지시도 포함돼 있다.

35. **回咨** (76a-76b)

선조가 요동도지휘사사에게 보낸 회자로 사신단을 영접할 준비를 마쳤고, 현지 매매를 통해 경비 조달을 융통하게 한 만력제의 조치에 감사를 표하는 내용이다. 명 사신단이 머무를 관사도 규정에 따라 수선할 것임을 알렸다.

끝으로, 역주와 발간에 동참해 준 3명의 역자들께 진심으로 감사의 마음을 전한다. 코로나19로 인한 어려운 여건 속에서 번역과 편집에 일체의 노력을 모아 주었기에 본서의 발간이

가능했다. 그리고 본 사업을 지원해 주신 동북아역사재단 이영호 이사장님 및 재단 출판 관계자 여러분께도 감사의 말씀을 드린다.

역자를 대표하여

한국고중세사연구소 이정일

일러두기

○ 본 번역서는 『壬辰倭亂 史料叢書 1~8 對明外交』(국립진주박물관, 2002, 영인본)의 『事大文軌』 卷之十二에 대한 수록 문서 목록, 표점, 번역의 세 부분으로 구성되어 있다.

○ 수록 문서의 작성 연월일은 원문의 날짜 표기 방식대로 표기하였다. 수록 문서 목록의 쪽수는 영인본의 쪽수와 일치한다.

○ 표점과 번역은 부호, 띄어쓰기, 줄 바꿈, 수신문과 발신문의 화자 표시, 행이 과정 등을 포함해서 재단 출간 〈동북아역사 자료총서〉 편집 양식을 준용하였다.

○ 표점은 원문의 의미를 살리기 위해서 마침표, 쉼표, 따옴표, 물음표, 느낌표, 쌍점, 가운뎃점 등을 최소한으로 사용하였다.

○ 번역의 발신과 수신은 해당 문서의 발신자와 수신자를 의미한다.

○ 인명, 지명, 국명, 서명, 고유명사는 각 문서에서 처음 등장할 때 한자를 병기하는 것을 원칙으로 하였다.

○ 번역은 원문에 가깝게 직역을 하는 것을 원칙으로 하되 독자들의 내용 이해를 돕기 위해서 형용사, 명사, 조사 등 적합한 어구를 삽입하고 대괄호 및 괄호 등으로 표시하였다.

○ 모든 번역문의 종결은 외교 문서임을 고려하여 최상 격식체인 합쇼체를 원칙으로 하였다. 단, 문맥의 의미를 살리기 위해 만력제의 발화는 최하 격식체인 해라체로 통일하였다.

○ 대두법(擡頭法)은 원문과 번역문에서 모두 적용하지 않았다.

○ 번역자의 판단에 따라 필요한 경우 각주로 설명하고, 각주 내 국한문 표기는 원문의 원칙을 따랐다. 원본에 명백한 오류가 있는 글자 등에 대해서는 원문은 그대로 두고 각주로 설명하였다. 입력할 수 없는 이체자, 이형자 등은 정자로 표기하였다.

○ 조선왕조실록 및 문집 등에서 원문의 기사와 동일하거나 연관된 기사가 있을 경우, 해당 내용(원문)을 〈동북아역사논총〉의 각주 형식으로 첨부하였다.

편역 事大文軌 3 – 권12 –

차 례

수록 문서 목록

『壬辰倭亂 史料叢書 1~8 對明外交』(국립진주박물관, 2002 영인본) 2책

번호	제목(頭註)	일자	쪽수	번역자
1	都司欽奉聖旨先許倭封	萬曆二十二年 十一月 二十七日	3~10	김한신
2	回咨	萬曆二十三年 正月 十六日	10	김한신
3	本國咨報緊急賊情	萬曆二十三年 正月 日	10~14	김한신
4	回咨	萬曆二十三年 正月 二十七日	14~15	김한신
5	都司咨處被脅人民	萬曆二十二年 十二月 二十二日	15~20	김한신
6	回咨	萬曆二十三年 二月 初七日	20~24	김한신
7	都司査給各兵犒銀布花	萬曆二十二年 十二月 二十日	24~31	김한신
8	回咨	萬曆二十三年 二月 初七日	31~35	김한신
9	都司咨令降倭分籍各營	萬曆二十三年 正月 初九日	35~39	김한신
10	回咨	萬曆二十三年 二月 初七日	39~40	김한신
11	張都司咨報船運山東米豆	萬曆二十二年 十月 二十三日	40~44	장정수
12	回咨	萬曆二十三年 二月 十六日	44~48	장정수
13	奉旨吊祭陣亡官軍	萬曆二十二年 十一月 二十八日	48~55	장정수
14	回咨	萬曆二十三年 二月 十六日	55~60	장정수
15	陳遊擊往諭釜山倭賊回巢	萬曆二十三年 正月 初九日	60~62	장정수
16	回咨	萬曆二十三年 二月 二十六日	62~68	장정수
17	都司咨會本國治粮耕種	萬曆二十三年 正月 初十日	68~69	장정수

번호	제목(頭註)	일자	쪽수	번역자
18	回咨	萬曆二十三年 二月 二十七日	69~72	장정수
19	查問本國軍兵	萬曆二十三年 正月 初十日	72~73	장정수
20	回咨	萬曆二十三年 三月 初四日	74~82	장정수
21	本國禁耕邊界	萬曆二十三年 三月 初四日	82~86	장정수
22	都司查考天粮見在實數	萬曆二十三年 正月 二十三日	86~89	장정수
23	回咨	萬曆二十三年 三月 初六日	89~92	장정수
24	都司偵探倭賊渡海	萬曆二十二年 二月 初六日	92~93	김경태
25	回咨	萬曆二十三年 三月 初六日	94~97	김경태
26	兵部責差陪臣修好日本	萬曆二十三年 正月 初四日	98~99	김경태
27	回咨	萬曆二十三年 三月 初八日	100~106	김경태
28	陳千摠揭	일자 없음	106~111	김경태
29	回揭	일자 없음	111~112	김경태
30	布政咨會封倭善後	萬曆二十三年 二月 初五日	112~119	김경태
31	回咨	萬曆二十三年 三月 二十一日	119~137	김경태
32	都司查議留兵月銀口粮等事	萬曆二十三年 二月 初八日	137~143	이정일
33	回咨	萬曆二十三年 三月 二十一日	143~147	이정일
34	都司咨令本國封使官丁欽賜銀兩買粮食用	萬曆二十三年 二月 二十六日	147~153	이정일
35	回咨	萬曆二十三年 三月 二十八日	153~154	이정일

* 권12는 1594년(만력 22) 10월부터 1595년 3월까지 조선과 명이 주고받은 문서로 구성되어 있다. 단, 연번 24는 1594는 2월 발신 문서로 예외이며, 연번 3, 28, 29는 작성 일자가 확인되지 않는다.

1. 都司欽奉聖旨先許倭封[1)]
1a-4b(3~10쪽)

遼東都指揮使司,

爲 賊情 事.

本月二十六日, 蒙欽差總督薊遼保定等處軍務兼理粮餉經略禦倭兵部左侍郎兼都察院右僉都御史孫憲牌.

　准兵部咨.

　　該本部題, 職方淸吏司案呈.

　　　奉本部送.

　　　　兵科抄出.

　　　　　朝鮮國王諱, 奏前事. 等因.

　　　　奉聖旨.

　　　　　兵部看議來說.

　　　　欽此. 本年九月十二日, 該司禮監太監張等, 於會極門, 傳奉聖諭.

1) 본 문서는 『宣祖實錄』에 일부 내용이 수록되어 있다. 『宣祖實錄』 卷56, 宣祖 27年 10月 甲寅(10日).

朕覽文書，見朝鮮國王奏本，欲定許倭夷欵貢，以保彼國社稷，情甚危迫．朕思自古中國制馭外夷，使其畏威懷德，戰守羈縻，不妨互用．今倭旣遣使求欵，國體自尊，我因而撫之，保全屬國，無煩遠戍，暫示羈縻，以待修備，有何不可．該部便着籌度機宜，作速明白具奏，毋更含糊兩可．務全天朝馭夷之體，毋孤彼國籲望之意．欽哉故諭．

欽此．恭捧到部．

通送到司．

案呈到部．

爲照，向者，朝鮮因倭奴侵犯，請兵救援，自平壤一創之後，王京願[2)]還之前，而封事從此議矣．盖俯順夷情，以示羈縻，使彼國得以修守，我兵得以息肩，旣弘字小之仁，亦彰柔遠之義也．及奉旨會議，一時廷臣，蹝·揭所陳，多有謂許封，可爲目前之計者，且奉有許封不許貢，朕自定計之旨，事已垂成．繼因釜山結營，跡涉觀望，督臣顧建議，則又謂，許則封貢並許，罷則封貢並罷，旣明封貢並許之由，復述倭與朝鮮互相攻殺之狀，以致明旨赫然，一切議罷．維時臣等竊慮，倭情叵測，旣已寒盟，勢必復逞，日與各該撫鎭等官講求制馭之策，期固藩籬，而奠疆圉．傾厪廟謨，特頒三策，業已題奉欽依，行該督撫酌議．乃玆朝鮮君臣虞狡酋之復犯，度彼國之不支，叩閽告急，伏蒙聖諭，令臣等以籌度機宜，明白速奏．仰見皇上，銳意安攘，

2) 『宣祖實錄』에는 願이 '顧'로 되어 있다. 『宣祖實錄』 卷56, 宣祖 27年 10月 甲寅(10日).

欲始終保全屬國, 故宸章親灑, 旦夕迭頒, 莊誦之餘, 惶悚無措. 竊惟臣等, 職居樞筦, 則疆場之事, 皆臣之責也. 臣等仰遵明旨, 長慮熟籌, 所以爲今日東事計者, 似當仍照前議, 姑許一封, 以全朝廷之信, 毋遽許貢, 以嚴夷夏之防. 但釜山遠在數千里之外, 而倭情果否恭順, 難以遙度. 況前奉聖諭三策, 尙未勘報, 若不加體恤, 而一意拒絕, 則朝鮮之望孤, 若不察情形, 而遞爾議封, 則天朝之體褻. 合無仍行經略督臣孫, 會同遼東巡撫李, 即便偵探倭情果否恭順, 如其帖然馴服, 俛首待命, 則遣官宣諭曰, "朝廷之先許封爾者, 以退王京, 還王子陪臣也, 後之罷封者, 以屯據攻掠, 心懷觀望也. 今據朝鮮奏稱, 爾等安靜, 罷封以來, 並無侵犯, 爾宜遵照原議, 盡數退歸, 不得更求貢欵. 天朝斷不失信, 定與爾封." 今將前具表文, 驗果恭順無他, 督臣奏報倭歸而後, 册使往焉, 一有不然, 照前絕之, 一意修備, 相機戰守. 斯則威信兼全, 操縱在我天朝, 禦夷之體, 屬國籲望之意, 庶幾其兩得之矣. 臣等所以主張東事者如此. 伏候聖明裁定, 臣等遵奉施行. 等因.

題奉聖旨.

著行督撫官遵前旨, 作速勘議, 回奏.

欽此. 又該本部題, 爲欽奉聖諭事, 奉聖旨.

倭夷久住釜山, 懇封甚切, 夷使久到, 未見處分, 殊失制馭機宜. 朕前屢發諭旨, 誠恐躭延誤事. 你部裏旣這等說, 便著他進來, 准與他封. 若與封不去, 興師明正其罪, 一意驅勦還. 行與督撫官知道, 一面, 及時修備愼防, 毋得懈怠.

欽此. 又該本部題, 爲仰奉明旨再陳未盡事宜以定東封事, 節奉明旨.

覽奏見卿擔當國事, 便差姚洪·陳雲鴻前去, 一面, 押送小西飛來京, 一面, 諭行長, 候封使到日即去. 仍行與經略孫整飭兵馬, 以防他虞, 館待·防護事宜, 俱依擬.

欽此. 欽遵. 擬合就行. 爲此, 合咨前去, 煩照題奉欽依事理, 行令遼東都司, 轉行朝鮮國王, 一體欽遵, 查照施行. 等因.

准此. 擬合就行. 爲此, 帖仰本司官吏, 照帖備該部題奉欽依事理, 轉咨朝鮮國王, 一體欽遵, 查照施行.

蒙此. 擬合就行. 爲此, 合行移咨前去, 貴國煩照題奉欽依事理, 一體欽遵, 查照施行. 仍希回照. 須至咨者.

右咨朝鮮國王.

萬曆二十二年十一月二十七日.

발신: 요동도지휘사사

사유: 적정(賊情)에 관한 일입니다.

[요동도지휘사사] 본월 26일 흠차총독계료보정등처군무겸리양향경략어왜병부좌시랑겸도찰원우첨도어사 손(광)[3]의 헌패를 받았습니다.

[손광] 병부의 자문을 받았습니다.

---

3) 손광(孫鑛, 1543~1613)이다.

[병부] 본부에서 제본을 올렸는데, 직방청리사의 안정(案呈)에 관한 것입니다.

[직방청리사] 본부가 (검토하라고) 보내온 문서입니다.

[병부] 병과의 초출(抄出)입니다.

[병과] 조선국왕 성(姓) 휘(諱)가 전사(前事)[4]에 관해 주본을 올렸습니다.

[병부] 성지를 받들었습니다.

[만력제] 병부에서 살펴보고 의논하여 와서 보고하라.

[병부] 이를 공경히 받들었습니다. 본년 9월 12일 사례감태감 장(張) 등이 회극문(會極門)에서 성유(聖諭)를 전하여 받았습니다.

[만력제] 짐이 문서를 열람하다가 조선국왕의 주본을 보았는데 왜이(倭夷)의 조공을 끝내 허락하여 그 나라의 사직을 보전하려 하였으니 사정이 심히 위박하였다. 짐이 생각건대 자고로 중국이 외이(外夷)를 제어함에 그들로 하여금 위엄으로 두렵게 하면서도 덕으로 품어주었으니 전수(戰守)와 기미(羈縻) 양쪽을 활용해도 방해되지 않았다. 지금 왜가 이미 사신을 보내 조공을 구하였으니 국체가 저절로 높아지게 되어 나는 그대로 이들을 무마하고 속국을 보전하여 멀리서 지키는 번거로움을 없애고 잠시 기미하는 뜻을 보여서 방비를 닦도록 대비하려는데 무엇이 안 될 것이 있겠는가. 해부(該部)는 즉시 기의(機宜)를 헤아려 속히 명백하게 갖추어 아뢸 것이며 다시금 애매하게 하면서 둘 다 좋다고 하지 말라. 힘써 천조에서 오랑캐를 제어하는 체통을 보전하고 저 나라에서 부르짖고 바라보는 뜻을 홀로 내버려두지 말라. 공경히

4) 본 문서의 사안인 '爲賊情事'를 가리킨다.

받들라. 이에 유시한다.

[병부] 이를 공경히 받들었습니다. 삼가 공손히 받든 성유(聖諭)가 도착했습니다.

[직방청리사] 두루 내려 보낸 성유가 사(司)에 도착했습니다.

[병부] 사의 안정이 도착했습니다.

[직방청리사] 살펴보건대 지난번 조선이 왜노의 침범으로 인하여 군사를 보내 구원해 달라고 요청했고, 평양에서 한 번 이긴 뒤 왕경을 되돌리려 하기 전에 책봉에 관한 일은 이러한 (다음의) 논의를 따랐습니다. 대개 오랑캐의 사정을 굽어 따라 기미하는 뜻을 보여주고, 저 나라(조선)로 하여금 방수를 닦게 하고 우리 군사는 쉬게 하여 이미 소국을 아끼는 인(仁)을 넓히면서 또한 멀리서 찾아오는 이를 회유하는 의리를 드러내자는 것이었습니다. 성지를 받들어 회의함에 미쳐서는 그때의 정신(廷臣)이 소와 게첩으로 진달한 바, 많은 이가 이르기를 봉공(封貢)을 허락함이 당장의 계책이 될 만하다고 했는데 또한 「책봉은 허락하되 조공은 허락하지 않는 것으로 짐이 스스로 계책을 정하였다.」라는 성지를 받들어 일이 이미 이루어지게 되었습니다. 이어서 (일본군이) 부산에 진영을 설치하고 행적을 관망하려 하자 독신(督臣) 고(顧)[5]가 건의하여 또한 말하기를 '허락한다면 책봉과 조공을 아울러 허락해야 하고 파기한다면 책봉과 조공을 아울러 파기해야 한다.'고 하여 책봉과 조공을 아울러 허락해야 하는 이유를 밝히고 다시 왜와 조선이 서로 공격해 죽인 실상을 서술하니 (황상이) 크게 노하시어 일체의 논의를 파하라는 명지를 내리심에 이

5) 고양겸(顧養謙, 1537~1604)이다.

르렀습니다. 그때에 신등은 삼가 생각하기를 왜정은 헤아리기 어렵고 이미 맹약을 어겼으니 사세상 반드시 다시 쳐들어 올 것이라 여기고 날마다 각 해당 무진(撫鎭) 등 관원과 함께 왜를 제어할 계책을 강구하여 번리를 튼튼히 하고 변경을 안정시킬 것을 기필하려 했습니다. 이윽고 겨우 묘당의 모책이 나와 특별히 세 가지 방책을 반포하고 이미 제본을 올려 황제의 뜻을 받들어 독무(고양겸)에게 문서를 보내 헤아려 논의하도록 했습니다. 이에 조선의 군신이 교활한 왜추가 다시 침범할 것을 걱정하고 저들(조선)이 지탱하지 못할 것이라 예측해서 (명) 조정에 위급함을 고하여 삼가 성유를 받았는데, 신등으로 하여금 기의를 헤아려 명백하게 속히 아뢰라고 하셨습니다. 우러러 황상을 바라보건대 굳은 마음으로 안정시키고 떨쳐 내어 시종 속국을 보전하려 한 까닭에 친히 글을 쓰시어 조석으로 번갈아 반포하셨으니, 이를 받들어 읽는 나머지 황송하여 몸 둘 바를 몰랐습니다. 가만히 생각해 보건대 신등은 직이 추관(樞筦)[6]에 거한즉 국경의 일은 모두 신들의 책임입니다. 신등은 우러러 명지(明旨)를 준행하여 멀리 생각하고 깊이 헤아려 보니 오늘날 동사(東事)의 계책이 되는 소이(所以)[7]는 마땅히 이전의 논의대로 일단 책봉 하나만을 허락하여 조정의 신의를 온전히 하고 창졸간 조공을 허락하지 않음으로써 오랑캐와 중국의 경계를 엄히 해야 할 듯합니다. 다만 부산은 멀리 수천 리 밖에 있고 왜의 정상이 과연 공순한지 여부는 멀리서 헤아리기 어렵습니다. 게다가 전에 받든 성유의 세 가지

6) 추관(樞管)과 같은 말로 중앙정부의 중요한 일을 처리하는 관직을 말한다.

7) 본문에서는 근저 혹은 근간을 의미한다.

방책은 아직 검토를 마쳐 보고하지 않았는데, 만약 그 처지를 이해하지 못하고 일방적으로 거절한다면 조선의 바람을 저버리는 것이 되고 만약 정형을 살피지 않고 대번에 책봉을 의논한다면 천조의 체통이 초라해질 것입니다. 이에 경략 독신 손(광)에게 문서를 보내어 요동순무 이(李)[8]와 회동하여 곧바로 왜정이 과연 공순한지 여부를 정탐해서 그 첩(帖)에서처럼 고분고분 복종하며 고개를 숙여 명을 기다린다면 관원을 파견하여 「조정에서 그전에 너희에게 책봉을 허락하는 것은 왕경에서 후퇴하고 왕자와 배신(陪臣)을 돌려주었기 때문이고, 그 후 책봉을 그만두었던 것은 둔거하여 공략하면서 관망하고자 하는 마음을 품었기 때문이다. 지금 조선의 주본을 받으니 이르기를 너희들이 조용하고 책봉을 그만둔 이래로 모두 침범하지 않고 있다고 하니 너희는 마땅히 원래의 의논을 살펴 준행해서 전부 물러나 돌아가고 다시 조공을 요구하지 말라. 천조에서는 결단코 신의를 버리지 않고 필히 너희를 책봉해 줄 것이다.」라고 선유하는 것이 어떨까 합니다. 이제 전에 갖추어 올린 표문에 과연 공순함 이외 다른 뜻은 없는지를 검토하고 독신이 왜가 돌아갔다고 주보(奏報)한 이후에 책사(册使)가 가되, 한 가지라도 그렇지 않다면 전과 같이 거절하고 한결같은 뜻으로 수비하며 기회를 보아 전수해야 할 것입니다. 이야말로 위엄과 신의를 겸전하는 것이니 조종함이 우리 천조에 있게 되어 오랑캐를 제어하는 체통과 속국에서 호소하는 뜻 양쪽을

8) 이화룡(李化龍, 1554~1611)이다. 『神宗實錄』 卷278, 萬曆 22年 10月 16日, "巡撫遼東李化龍總督経畧孫鑛議得制倭三策內 遣兵驅去及但許往市二策 該部以事體 稍有不便"; 『神宗實錄』 卷280, 萬曆 22年 12月 3日, "丙午 薊遼總督孫鑛遼東巡撫李化龍山東巡按宋興祖會議".

거의 이룰 수 있게 될 것입니다. 신등이 동사(東事)에서 주장하는 핵심 사안은 이와 같습니다. 삼가 성명(聖明)께서 재결하시어 정하시기를 기다려 신등이 받들어 준행하겠습니다.

[병부] 제본을 올려 성지를 받들었습니다.

[만력제] 독무관으로 하여금 이전의 지(旨)를 준행하여 속히 검토하고 의논하여 회주(回奏)하라.

[병부] 이를 공경히 받들었습니다. 또한 본부에서 제본을 올려 삼가 성유를 받든 일에 대해서 성지를 받들었습니다.

[만력제] 왜이가 부산에 오랫동안 머무르며 책봉을 심히 간절히 바라고 왜의 사신이 오래 전에 도착했으나 아직 처분을 보지 못하고 있으니 특별히 제어하는 기의를 잃고 있다. 짐은 전에 누차 유지(諭旨)를 내었으나 진실로 질질 끌다가 일을 그르칠까 걱정이다. 너희 부에서 이러한 말을 이미 해서 저들로 하여금 나아오게 했기에 저들에게 책봉을 준허했다. 만약 책봉했는데 떠나지 않고 있다면 군사를 일으켜 그 죄를 분명하게 바로 잡아 한결같은 뜻으로 소굴로 몰아내 돌려보낼 것이다. 독무관에게 알리되 한편으로는 제때에 미쳐 방비를 닦아 방어를 신중히 함에 있어 나태함이 없어야 할 것이다.

[병부] 이를 공경히 받들었습니다. 또한 본부에서 '우러러 명지를 받들어 다시 미진한 사의를 진달하여 동사와 관련하여 동봉(東封)[9]을 정하는 일(仰奉明旨再陳未盡事宜以定東封)'에 대해서 제본을 올려 여러 차례 명지를 받들었습니다.

[만력제] 주본을 열람하다가 경이 담당한 국사를 보고 곧바로 요

9) 도요토미 히데요시를 일본국왕으로 책봉하는 것을 말한다.

홍·진운홍을 차견하여 보내 한편으로는 나이토 조안[10]을 경사(京師)로 압송하고 한편으로는 유키나가[11]에게 유시하여 책봉사가 도착하는 날을 기다려 즉시 떠나라고 하라. 덧붙여 경략 손에게 문서를 보내 병마를 정칙하여 저들이 일으킬 근심을 방비하되 객관에서의 접대와 경호하는 일은 모두 헤아린 대로 하라.

[병부] 이를 공경히 받들어 삼가 준행해야 하겠습니다. 헤아려 보건대 마땅히 곧바로 시행해야 할 것입니다. 이에 마땅히 자문을 보내니 번거롭겠지만 제본을 올려 받든 황제의 뜻에 따라 요동도사로 하여금 조선국왕에게도 문서를 보내어 일체를 삼가 준행하도록 할 것을 살펴 주시기 바랍니다.

[손광] 이를 받고 헤아려 보건대 곧바로 시행해야 할 것입니다. 이에 첩을 본사(本司)의 관리에게 내리니 첩에 갖춘 해부에서 제본을 올려 받든 황제의 뜻을 살펴 조선국왕에게도 자문을 보내어 일체를 삼가 준행할 것을 살펴 주십시오.

[요동도지휘사사] 이를 받고 헤아려 보건대 곧바로 시행해야 할 것입니다. 이에 마땅히 이자(移咨)하여 귀국에 보내니 번거롭겠지만 제본을 올려 받든 황제의 뜻을 일체 삼가 준행하시기를 살펴 주시기 바랍니다. 아울러 바라건대 회답해 주시기를 바랍니다. 자문이 잘 도착하기를 바랍니다.

이 자문을 조선국왕에게 보냅니다.

만력 22년 11월 27일.

---

10) 원문에는 '小西飛'로 기재되어 있다. 나이토 조안(內藤如安, ?~1626)을 지칭한다.

11) 원문에는 '行長'으로 기재되어 있다. 고니시 유키나가(小西行長, ?~1600)를 지칭한다.

# 2. 回咨
4b(10쪽)

朝鮮國王,

准來咨, 該爲 賊情 事. 云云. 等因.

准此. 除將帖·咨內, 該部題奉欽依事理, 一體欽遵, 査照施行外, 爲此, 合行回咨, 請照驗施行. 須至咨者.

右咨遼東都指揮使司.

萬曆二十三年正月十六日.

발신: 조선국왕

사유: 보내온 자문을 받으니「적정에 관한 일입니다. 운운」하였습니다.

이를 받고 첩과 자문 내에서 해부가 제본을 올려 받든 황제의 뜻을 일체 삼가 준행하도록 살피는 외에 이에 마땅히 회자하니 청컨대 검토하시기 바랍니다. 자문이 잘 도착하기를 바랍니다.

이 자문을 요동도지휘사사에게 보냅니다.

만력 23년 1월 16일.

3. 本國咨報緊急賊情

4b-6b(10~14쪽)

朝鮮國王,

爲 緊急倭情 事.

萬曆二十三年正月初九日, 據陪臣諸道都巡察使權慄馳啓.

本月初三日, 該慶尙右道兵馬節度使金應瑞飛報.

萬曆二十二年十二月二十一日, 有熊川縣屯住賊酋平行長, 令伊國通事要時羅來到本營, 說稱.

本月十八日, 有日本裝粮舩三百餘隻, 遭風漂淌, 並向貴國全羅道地面, 乞將軍火急移文于該道沿海把截將領等官, 如値本舩漂到, 勿加勦殺, 仍行打發.

又說稱.

關白差遣監軍上官, 来察各陣兵衆多寡. 仍令本官向平行長等說稱, 久待皇朝封貢之命, 尙無黑白, 今年又盡, 你等所做何事. 明年二月初五日, 我當動調兵衆, 乘汛渡海, 直擣全羅地面. 行長回說, 皇朝已准封貢, 詔使朝夕當至, 不可復生釁端. 仍多般善辭開諭囬送. 但念, 關白自是性急, 且日期已定, 恐不以此言中止. 行長因此, 日夜煩惱. 這等說話, 實涉哄嚇, 而有終不可隱諱之勢, 敢先稟知.

又說稱.

關白聽知貴國奏停封貢緣由, 不勝嗔怪說稱, 我以朝鮮不爲轉請封貢, 因此, 加兵於朝鮮, 實未始有怨, 而朝鮮之待我, 今又如此, 你等其以原領兵衆, 進搶全羅, 勦滅無遺. 等因.

據報.

具啓. 得此. 當職竊照, 本賊兇狡不測, 其言變詐, 本不可准信. 而今觀陪臣所報, 賊慮小邦沮撓其事, 故爲恐喝之事, 是未可知. 而但念, 全羅爲賊所常窺伺, 而關白乘春出來之說, 自前有之, 即目風汛已迫, 所說粮舡漂淌之事, 倘非假托跟討預爲移兵之計, 則其必派遣兵舡, 分泊全羅沿海之地, 而詭言緩我防備, 的然無疑. 查照, 上年正月內, 本賊曾亦假討粮舡, 要入全羅腹裡, 踏看形勢, 賴天將總兵劉洞察兇情, 峻拒不受, 賊謀遂止. 今又風汛垂至, 更設前計, 川兵已撤, 關隘空虛, 全羅事勢, 十分蕩殘, 又不及前日, 果是關賊, 大勢進搶, 不唯全羅一道已, 不可言擧國之禍, 有甚於疇曩. 煩乞貴司將此緊急情由, 轉報總督軍門, 洞察原報賊情, 亟加拯濟施行. 須至咨者.

右咨遼東都指揮使司.

萬曆二十三年正月 日.

발신: 조선국왕

사유: 긴급한 왜정의 일입니다.

[조선국왕] 만력 23년 1월 9일 배신 제도도순찰사(諸道都巡察使) 권율(權慄)의 치계(馳啓)를 받았습니다.

[권율] 본월 3일 경상우도병마절도사(兵馬節度使) 김응서(金應瑞)가 비보(飛報)하였습니다.

[김응서] 만력 22년 12월 21일 웅천현에 주둔하고 있는 적추(賊酋) 다이라노 유키나가[12]가 그 나라의 통사(通事) 요시라(要時羅)에게 본영으로 가게 하여 다음의 내용을 아뢰도록 했습니다.

[고니시 유키나가] 본월 18일 일본의 곡식을 실은 배 300여 척이 바람을 만나 표류하였다가 모두 귀국의 전라도로 향하게 되었으니, 장군께서는 급히 해도(該道)의 연해 파절 장령 등 관원에게 이문하여 그 배들이 표류하여 닿게 되면 공격하여 죽이지 말고 바로 보내 주십시오.

[김응서] 또 아뢰었습니다.

[요시라] 관백이 직책이 높은 감군을 차견하여 각 진에 와서 군사의 많고 적음을 살폈습니다. 그리고 본관[13]으로 하여금 유키나가 등에게

---

12) 원문에는 '平行長'으로 기재되어 있다. 다이라(平)는 도요토미 히데요시가 일본을 평정하면서 취한 일본 헤이안(平安) 시대의 대표적인 성씨이다. 당시 호조(北条) 씨 등이 헤이시(平氏)의 후손이었고, 오다 노부나가(織田信長) 등이 일본의 실력자로서 헤이시를 칭했다. 히데요시는 기노시타 도키치로(木下藤吉郞)로서 평민(하쿠쇼)이었으나 1582년 노부나가 사망 이후 전국시대의 주도권을 쥐었고, 1583년부터 1585년까지 공식적인 시메이(氏名)로 다이라노 히데요시(平秀吉)로 칭했다. 고니시 유키나가 또한 히데요시의 가신으로서 대외적으로 다이라노 유키나가로 자신을 칭한 것이다. 이에 반해 도쿠가와 이에야스(德川家康)는 원래 마츠다이라(松平) 집안이었으며, 겐지(源氏)를 칭했다.

13) 감군 이시다 미츠나리(石田三成, 1560~1600) · 마시타 나가모리(增田長盛, 1545~1615) · 오타니 요시츠구(大谷吉繼, 1558~1600) 등이다.

"오랫동안 황조(皇朝)로부터 봉공의 명을 기다리고 있었는데, 아직 하라 말라 하는 말이 없다. 금년 또한 다 지나갔는데 너희들은 하는 일이 무엇인가. 내년 2월 5일에 우리는 마땅히 군사를 조발하여 움직여 순풍을 타고 바다를 건너 전라 지역을 쳐들어 갈 것이다."라고 말하도록 했습니다. 유키나가가 "황조에서 이미 봉공을 준허했고 조사(詔使)가 조석 간에 곧 이를 것이니 다시 흔단을 내서는 안 됩니다."라고 답했습니다. 이어서 갖가지 좋은 말로 타일러 돌려보냈습니다. 다만 생각건대 관백은 본래 성격이 급하고 또한 (공격하는) 날짜가 이미 정해졌으니 이 말로 중지하지는 않을 듯합니다. 유키나가는 이 때문에 밤낮으로 고민하고 있습니다. 저들의 말이 실로 공갈 협박하는 듯 하지만 끝내 숨길 수 없는 형세가 있어 감히 먼저 아뢰어 알려드립니다.

[김응서] 또 아뢰었습니다.

[요시라] 관백은 귀국이 봉공을 멈추어야 한다고 (황제에게) 주청한 내용을 들어 알고 분을 이기지 못하고 "나는 조선에 전달해서 봉공을 청한 것이 아니다. 이 때문에 조선에 군사를 일으키기는 했지만 진실로 처음부터 원한이 있었던 것은 아니었는데 조선이 나를 대우함이 지금 또한 이와 같으니 너희들은 원래 거느린 군사로 전라로 쳐들어가 남김없이 초멸하라."고 했습니다.

[권율] 이러한 보고를 받았습니다.

[조선국왕] 갖추어 온 장계를 받고서 당직이 가만히 살펴보건대, 본적은 흉악 교활하여 헤아릴 수 없고 그 말이 쉽게 변하여 본디 신뢰할 수가 없습니다. 그리고 지금 배신이 보고한 바를 보건대 적은 소방이 그 봉공의 일을 저지할까 우려하는 까닭에 공갈을 일삼은 것으로 이는 아직 알 수 없는 것입

니다. 그러나 다만 생각건대 전라도를 적이 항상 엿보았고 관백이 봄을 틈타 나온다는 말이 전부터 있었는데, 지금 바로 순풍이 이미 불기 시작하였으니 양선(糧船)이 표류되었다고 말한 일은 혹시 따라 들어와 찾아본다는 말을 핑계로 미리 군사를 옮기려는 계책이 아니라면 반드시 병선(兵船)을 파견하여 전라 연해 지역에 나누어 정박시키고 속이는 말로 우리의 방비를 늦추려는 것이 의심할 바 없이 분명합니다. 살펴보건대 작년 1월에 본적은 일찍이 양선을 찾겠다는 말로 핑계를 대고 전라도의 내지로 들어가 형세를 직접 살펴보려 하였으나, 천장(天將) 총병 유(劉)[14]가 흉정(兇情)을 통찰함에 힘입어 준절히 거절하고 받아들이지 않아[15] 적의 모략이 마침내 저지되었습니다. 지금 또한 순풍이 거의 불어와 다시 이전의 계책을 펼치려 하는데 천병(川兵)[16]은 이미 철수했고, 관문은 텅 비었으며 전라도의 사세는 크게 폐허가 되어 또한 전날의 사정에 미치지 못하니 과연 이 관적(關賊)[17]이 대거 쳐들어온다면 전라 1도뿐만 아닐 것이라 온 나라에 화가 얼마 전보다 더 심할 것임을 말할 수 없습니다. 번거롭겠지만 귀사에서는 이 긴급한 사정을 총독군문에게 전보(轉報)하여 원래부터 보고했던 적정을 통찰하여 속히 구제하여 주시기를 바랍니다. 자문이 잘 도착하기를 바랍니다.

이 자문을 요동도지휘사사에게 보냅니다.

만력 23년 1월 일.

---

14) 유정이다.

15) 1594년 2월 일본군 6명이 부총병 유정을 찾아가 일본의 군량을 실은 배 40척이 전라도에 표류되어 전라도에 들어가 찾으려 했으나 유정이 이를 거부했다. 이와 관련하여『事大文軌』卷8, 緊急倭情咨 萬曆二十二年二月初一日 참고.

16) 명나라 사천(泗川)의 군사를 말한다.

17) 관백(關白) 도요토미 히데요시(豊臣秀吉, 1537~1598)를 낮추는 말이다.

4. 回咨

6b-7a(14~15쪽)

遼東都指揮使司,

爲 緊急倭情 事.

准朝鮮國王咨稱, 倭情緣由, 到司. 等因. 准此. 備云原咨, 具呈欽差總督軍門兵部左侍郎孫詳批, “倭夷已奉明旨准封, 仰行該國, 轉行曉諭. 仍嚴加隄備, 行諸水路戰兵. 仰照前行, 查該國粮餉足支若干, 酌量議發. 繳.” 蒙此. 擬合就行. 爲此, 合咨前去, 貴國煩照批・呈內事理, 查照施行. 須至咨者.

右咨朝鮮國王.

萬曆二十三年正月二十七日.

발신: 요동도지휘사사

사유: 긴급한 왜정의 일입니다.

[요동도지휘사사] 왜정에 관해서 조선국왕이 보낸 자문이 사(司)에 도착했습니다. 이를 받고서 흠차총독군무병부좌시랑 손(광)에게 정문을 올려 「왜이가 이미 책봉을 준허한다는 명지를 받았으니 그 나라로 하여금 (일본에) 문서를 보내어 대신 효유(曉諭)하게 하십시오. 덧붙여 문서를 보내어 제(諸) 수로의 군사들에게 더욱 엄하게 방비하게 하십시오. 바라건대 시행한 전례를 살펴 족히 얼마나 지공할 수 있는지를 조사하고 헤아려 회의하십시오. 사안이 처리되면 격보(繳報)[18]하십시오.」라는 상비(詳批)를 받았습니다. 이를 받고 헤아려 보건대 곧바로 시행해야 할 것입니다. 이에 마땅히 자문을 보내니 귀국에서는 번거롭겠지만 비(批)와 정(呈)의 내용을 살펴서 조사해 주시기 바랍니다. 자문이 잘 도착하기를 바랍니다.

이 자문을 조선국왕에게 보냅니다.

만력 23년 1월 27일.

18) 상급 부서의 지시에 따라 하급 부서에서 문서를 올려 보고하는 것을 말한다.

5. 都司咨處被脅人民

7a-9b(15~20쪽)

遼東都指揮使司,

爲 計處被脅之人, 以散黨與, 以弭釁端 事.

蒙欽差総督薊遼保定等處軍務兼理粮餉經略禦倭兵部左侍郎兼都察院右僉都御史孫憲帖.

准兵部咨.

職方淸吏司案呈.

卷查, 二十一年九月 該經略侍郎宋咨前事, 內稱.

釜山·海島, 有朝鮮人被倭所掠者, 約一二萬人, 欲隨往日本. 倭將不帶, 欲還朝鮮, 畏國王誅戮. 係干多衆, 若置之得宜, 方可杜禍端, 若棄之海上, 適以資敵國. 要行計處, 題請嚴旨, 宣諭國王寬赦, 不許殺戮, 以絶其歸緣由. 本部題請天語, 嚴勑撫處, 本部移文經略宋, 轉箚賛畫員外劉黃裳, 前往王京, 面諭國王及陪臣, 宣布朝廷恩德, 將被脅之民, 盡給免死帖文, 勿得妄行殺戮, 令各道分布撫招復業, 其有强壯可充爲兵者, 籍入行伍, 食粮操練防禦. 等因.

奉聖旨.

是. 久聞, 朝鮮以失人心致亂, 豈可又陷覆轍. 這所議便行與他, 務要撫恤流亡, 招安反側, 毋得仍肆苛虐, 以生他患.

欽此. 已經欽遵行訖. 今照, 封事已定, 釜倭不日退回, 傳聞尙有被脅朝鮮之民, 隨住釜山者頗多, 應爲申飭該國君臣, 說法招撫安挿, 庶杜後釁. 案呈到部.

看得, 倭犯朝鮮, 殺擄人民, 脅降甚衆. 先因國王誅戮, 投生無路, 已經經略咨議, 本部題請, 行令該國招撫安挿. 去後, 乃玆東封議定, 倭歸有期, 被脅愚民屯住釜山, 情懷疑貳, 釁隙易生, 誠有如該司所慮者. 委當招撫, 擬合就行. 爲此, 合咨前去, 煩照來文及先次題奉欽依事理, 備行朝鮮國王, 即將被脅人民, 盡行招回, 各量給食米, 發行各道, 查籍安挿, 毋得恣行殺戮, 以傷天和, 以失民志. 仍將招撫過數目, 奏報施行. 等因.

備咨.

准此. 爲照, 朝鮮人民素服禮教, 决不肯甘心從倭, 今拘留倭營者, 多係威力脅逼. 且今倭酋已俛首乞封, 聽受約束, 與往日肆行殘虐者, 更爲不同, 則被脅之民, 在該國, 尤宜憐恤. 即據招撫一節, 擬合亟行. 爲此, 帖仰該司官吏, 照帖備該部咨文, 備咨朝鮮國王, 照依先今事理, 務將向被倭脅人民, 多出免死帖文, 善爲招撫, 盡赦已往之罪. 仍各量給食米, 發行各道, 查籍安挿, 毋得故違明旨, 恣行殺戮, 以傷天和, 以失民心. 速將招撫過數目, 該國徑自奏報. 該司仍將發去陪臣啓一封, 一併移咨國王, 查照施行, 毋得違錯未便.

蒙此. 擬合就行. 爲此, 合咨前去, 貴國煩照咨帖內事理, 務將向被倭脅人民, 多出免死帖文, 善爲招撫, 盡赦已往之罪. 仍各量給食米, 發行各道, 查籍安挿, 毋得故違明旨, 恣行殺戮, 以傷天和, 以失民心. 仍將招撫過數目, 貴國徑自奏報施行. 仍希由囬照. 須至咨者. 計送陪臣尹根壽啓一封.

右咨朝鮮國王.

萬曆二十二年十二月二十二日.

발신: 요동도지휘사사

사유: 위협을 당한 인민을 헤아려 조처하여 당여를 흩어 놓아 흔단을 그치게 하는 일입니다.

[요동도지휘사사] 흠차총독계료보정등처군무겸리양향경략어왜병부좌시랑겸도찰원우첨도어사 손(광)의 헌첩을 받들었습니다.

[손광] 병부의 자문을 받았습니다.

[병부] 직방청리사의 안정입니다.

[직방청리사] 이전의 문서를 찾아보니, 만력 21년(1593) 9월 경략시랑 송[19]이 전사[20]로 자문을 보냈는데, 다음과 같은 내용입니다.

[송응창] 부산과 해도에서 왜에게 빼앗긴 약 1~2만 정도의 조선인이 일본으로 따라가고자 했습니다. 왜장은 데리고 가지 않고 조선

19) 송응창(宋應昌, 1536~1606)이다.

20) 본 문서의 사안인 '爲計處被脅之人以散黨與以弭釁端事'를 가리킨다.

으로 돌려보내려 했으니 국왕이 주륙할까 두려워했습니다. 이는 많은 무리에 관계되는 일이어서 적절하게 조치한다면 바야흐로 재앙의 단서를 막을 수 있을 것이나 저들을 해상에 내버려둔다면 꽤 적국에 도움이 될 것입니다. 헤아려 조처해야 하기에 제본을 올려 「국왕에게 관대히 사면하도록 하고 살육하여 귀환을 막는 것은 허락하지 않기를 선유한다.」라는 엄지(嚴旨)를 청했습니다. 본부(병부)에서 제본을 올려 천어(天語)을 청하기를 엄칙을 내려 무휼하도록 하는 한편 본부에서 경략 송에게 이문하여 찬획원외랑(贊畫員外郞) 유황상(劉黃裳)에게 차부(箚付)를 전달하여 왕경으로 가서 국왕 및 배신을 면유하여 (명) 조정의 은덕을 선포하고 위협을 받은 백성에게 모두 면사첩을 지급해서 망령되이 살육하지 말 것과 각 도로 하여금 초무하고 생업을 회복시키는 일을 나누어 펼치도록 하고 강장하여 군사로 충원할 수 있는 자들은 항오에 편입시켜 밥을 먹이며 훈련하여 방어하게 하도록 했습니다.

[병부] 성지를 받았습니다.

[만력제] 그리하라. 오래 전부터 들으니 조선이 인심을 잃어 난이 일어나기에 이르렀다고 하니 어찌 패착의 전철에 빠져서야 되겠는가. 이 의논한 바를 곧 저들에게 문서로 보내어 유망한 이들을 무휼하고 두 마음을 품은 이들을 불러들여 안정시키며 그대로 가혹한 일을 저질러 다른 걱정을 일으키지 말아야 할 것이다.

[병부] 이를 공경히 받들어 이미 삼가 준행하여 행하였습니다. 지금 살펴보건대 봉사가 이미 정해졌고, 부산의 왜노가 머지않아 돌아갈 것인데 전해 들으니 아직도 위협을 받은 조선의 백성 중 계속해서 부산에 거주하는 자가 파다하다고 하니 마땅히 해국(該國) 군신에게 신칙하여 초무

하고 안착하도록 설득하면 거의 뒤탈을 막을 수 있을 듯합니다. 안정이 병부에 도착했습니다.

[직방청리사] 지켜보니 왜가 조선을 범하여 인민을 죽이고 포로로 삼아 위협에 굴복한 이들이 매우 많습니다. 이전의 일로 인하여 국왕이 주륙하니 백성이 살 길을 찾을 수가 없었는데, 이미 경략이 자문으로 의논하여 본부에서 제본을 올려 청해서 해국으로 하여금 초무하고 안착하도록 시행했습니다. 그 후 이윽고 동봉(東封)의 논의가 정해져 왜가 돌아간다고 기약하여 위협을 받은 어리석인 백성이 부산에 모여 살다가 마음속에 의심을 품어 불안이 쉽게 일어나게 되었으니 이는 진실로 해사(該司)에서 우려한 바와 같으니 실로 마땅히 초무해야 하겠습니다. 헤아려 보건대 곧바로 시행해야 할 것입니다. 이에 마땅히 자문을 보내니 번거롭겠지만 보내온 문서 및 앞서 제본을 올려 받든 황제의 뜻을 살펴 조선국왕에게 문서를 갖추어 보내 즉시 위협을 당한 인민을 모두 초무하여 돌아오도록 해서 각각 식미(食米)를 헤아려 지급하고 각 도로 보내되 장부를 조사하여 안착시킴으로써 멋대로 살육을 저질러 천화(天和)를 해하고 민심을 잃지 않도록 해야 할 것입니다. 덧붙여 초무한 숫자의 목록은 주보하도록 하십시오.

[병부] 자문을 갖추어 보냅니다.

[손광] 이들 받고 살펴보건대 조선의 인민은 본디 예교(禮敎)를 따르는 이들로 결코 기꺼이 마음으로 왜를 따르기를 달게 여기지 않으니 지금 왜영에 구류된 자들은 대개가 위력으로 협박을 받은 이들입니다. 또 지금 왜추가 이미 고개를 숙여 책봉을 애걸하여 그에 따라 약속을 받았으니 전날 잔학한 짓을 저질렀던 것과 같은 일을 다시 행하지 않을 것인즉 위협을 받은 백성은 해국에 달려 있으니 더욱 마땅히 불쌍히 여겨야 할 것입니다.

초무와 관련해서 받은 항목은 헤아려 보건대 마땅히 속히 시행해야 할 것입니다. 이에 첩을 해사 관리에게 내리니 첩 속에 갖춘 해부가 해국에 보낸 자문의 내용을 살펴 조선국왕에 자문을 갖추어 보내어 이전과 지금의 사리를 살피게 하여 힘써 왜에게 위협을 받은 인민에게 면사첩을 많이 내어 잘 초무하며 이왕의 죄를 모두 사면하십시오. 이어서 각각 식미를 헤아려 지급하여 각 도로 보내도록 하되 장부를 조사하여 안착시켜 고의로 황제의 명지를 어겨 살육을 멋대로 저질러 천화를 해하고 민심을 잃지 않도록 하십시오. 속히 초무한 숫자의 목록을 해국에서 전심으로 주보하도록 하고 해사에서는 이어서 배신이 보내온 계본 한 통을 아울러 국왕에게 이자하여 살펴보도록 하여 서로 어긋나 미편함이 있어서는 안 될 것입니다.

[요동도지휘사사] 이를 받들어 헤아려 보건대 곧바로 시행해야 할 것입니다. 이에 마땅히 자문을 보내니 귀국에서는 번거롭겠지만 자문과 첩의 사리를 살펴 힘써 위협을 받은 인민에게 면사첩을 많이 내주고 잘 초무하여 이왕의 죄를 모두 사면하십시오. 이어서 각각 식미를 헤아려 지급하여 각 도로 보내도록 하되 장부를 조사하여 안착시켜 고의로 황제의 명지를 어겨 살육을 멋대로 저질러 천화(天和)를 해하고 민심을 잃지 않도록 하십시오. 그리고 초무한 숫자의 목록을 귀국에서는 전심으로 주보해 주십시오. 아울러 바라건대 사유에 회답해 주시기 바랍니다. 자문이 잘 도착하기를 바랍니다. 배신 윤근수(尹根壽)의 계본 1통을 첨부해 보냅니다.

이 자문을 조선국왕에게 보냅니다.

만력 22년 12월 22일.

6. 回咨

9b-11b(20~24쪽)

朝鮮國王,

准來咨, 該爲 計處被脅之人, 以散黨與, 以弭釁端 事. 云云. 等因.

准此. 除將原送陪臣尹根壽啓本一封, 并已接照, 仍擬候招撫畢, 將該招撫過數目, 徑自具本奏報外, 查照, 先該萬曆二十一年十月初九日, 有經略禦倭軍務兵部右侍郞宋, 令遼東都司軍政僉書都指揮使張, 前到小邦欽傳宣諭聖旨前事. 欽此. 欽遵. 當職, 即查各該陪臣, 於平壤·開城·京城及慶尙道梁山·金海等處, 原招出軍民男婦, 前後共二萬九千五百二十一名口, 并降倭二名, 并令完聚復業, 給米賑飢. 及當職遵依本部節次咨內事理, 印造免死帖一萬張, 及多寫招撫榜文, 已差陪臣趙瀚賫往釜山等處, 廣加招撫. 仍另飭邉吏, 毋得妄殺等情, 已經具本陳奏去訖. 續該, 自萬曆二十一年, 至本年正月止, 節據陪臣權慄等狀啓, 該金海府使白士霖·慶州府尹朴毅長等, 各令管下牙兵人等, 將竹島·西生浦等處, 陷賊軍民, 節續招出, 捴計幾及數千餘名口, 亦令並查原籍復業. 去後, 今該前因, 爲照, 當職, 始不能捍禦兇寇, 毒遍邦域, 使祖先數百年休養生齒, 盡陷塗炭，盡然痛傷，食息不寧，豈忍於此反加殺戮，令爲籍寇之資乎．況明旨丁寧，德同天地，至令遣官宣諭，當職雖甚無狀，何敢不體聖諭，以負天地生物之心哉．已令各該陪臣，於慶尙一帶對賊地面，廣加招撫，不問有罪無罪，並行撫輯．或有按伏軍兵，妄希功賞，密地殺害，當職已令嚴加查禁，重究不饒．以此，非徒小邦軍民，樂爲投還，亦有彼賊相繼來降，而尙貸兇喘，不妄誅殺．況玆聽撫人等久在賊中，悉諳賊謀·方便，銃刀技用壯者，籍入行伍，委便防禦，老弱發籍，耕種可實空虛．當職，當此收拾創殘之日，一民一兵，亦爲關緊，況賊酋聽受約束，卷衆過海，則遺下被脅之民，該數必多，其招撫勾當，尤不容少緩．當依咨內事理，多出免死帖文，派送陪臣權慄等處，另加招撫外，爲此，合行回咨，請照驗轉報施行．須至咨者．

右咨遼東都指揮使司．

萬曆二十三年二月初七日．

발신: 조선국왕

사유: 보내온 자문을 받으니 「위협을 당한 사람들을 헤아려 조처하여 당여를 흩어 놓아 흔단을 그치게 하는 일입니다. 운운」 하였습니다.

이를 받고 원래 보내준 배신 윤근수의 계본 1통을 아울러 이미 받아 살펴보았고, 이어서 초무를 마치는 일을 깊이 헤아려 초무한 숫자의 목록을 전심으로 주본(奏本)으로 갖추어 작성하는 외에도 살펴보건대, 이전 만력 21년

(1593) 10월 9일 경략어왜군무병부우시랑(經略禦倭軍務兵部右侍郎) 송(응창)이 요동도사군정첨서도지휘사(遼東都司軍政僉書都指揮使) 장[21]으로 하여금 소방에 와서 전사[22]에 관하여 선유한 성지(聖旨)를 삼가 전하도록 했습니다. 이를 공경히 받들어 삼가 준행하였습니다. 당직은 「각 배신을 조사하니 평양·개성·경성 및 경상도 양산·김해 등지에서 원래 초무하여 데려온 군민(軍民), 남녀가 전후로 모두 2만 9,521명이었고 이와 함께 항왜가 2명이었는데, 모두 한곳에 모아 생업을 회복하도록 하고 쌀을 지급하여 굶주린 이들을 진구하였습니다. 당직이 본부(병부)에서 차례대로 보낸 자문의 사리를 준수하는 일에 미쳐서는 면사첩에 인장을 찍어 1만 장을 마련하였고, 초무하는 방문(榜文)을 베껴 쓰는 일에 미쳐서는 이미 배신 조한(趙瀚)을 차출하여 부산 등지로 가져가도록 하여 널리 초무하도록 했고, 덧붙여 별도로 변경의 관원에게 신칙하여 망령되이 인민을 죽이지 말라고 했습니다.」라는 내용으로 이미 주본을 갖추어 진달하기를 마쳤습니다. 계속해서 만력 21년부터 본년 1월에 이르기까지 배신 권율 등의 장계를 차례로 받으니 김해부사(金海府使) 백사림(白士霖)·경주부윤(慶州府尹) 박의장(朴毅長) 등이 각각 휘하 아병(牙兵)을 거느리고 죽도(竹島)·서생포(西生浦) 등지에서 적에게 구속된 군민을 수차례 계속 초무하여 데려오니 모두 거의 수천여 명에 이르렀고, 또한 모두 원래의 호적을 조사하여 생업을 회복하도록 했습니다.

이러한 조치를 다한 후 이번에 위의 자문을 받고 살펴보건대 당직은 처음 흉악한 도적을 막지 못하여 독이 나라 안에 두루 퍼졌고, 조상이 수백 년 동안 보살핀 백성들로 하여금 모두 도탄에 빠지게 하니 슬프고 애통해서 잠시라도 편안할 수 없는데, 어찌 차마 여기에 도리어 백성을 살육하는 일을 더하여

21) 장삼외(張三畏, ?~?)이다.

22) 본 문서의 사안인 '爲計處被脅之人以散黨與以弭釁端事'를 가리킨다.

도적들을 돕는 기반이 되도록 하겠습니까. 게다가 황제의 명지가 자상하여 덕이 천지와도 같으니 관원을 파견하여 선유하도록 명령함에 이르러는 당직이 비록 형편없으나 어찌 감히 성유를 체득하지 않아 천지와도 같이 생명을 살리는 마음을 저버리겠습니까. 이미 각 배신에게 명령하여 경상도 일대의 적과 대치하는 지역에서 널리 초무를 더해서 죄의 유무를 따지지 말고 모두 위무하도록 했습니다. 혹시 매복하는 군사 중에 망령되게 논공행상을 바라 몰래 살해하는 이가 있을 수도 있어, 당직이 이미 엄히 조사하여 금하도록 명령하고 무겁게 추궁하여 용서하지 않는다고 하였습니다. 이 때문에 소방의 군민이 돌아오기를 즐겨할 뿐만 아니라 또한 저 적도 잇달아 항복해 와서 흉적의 목숨을 오히려 용서하고 망령되이 주살하지 않습니다. 더구나 청무인(聽撫人) 등이 적중에 오래 있어 적의 모략과 방편을 모두 잘 알며 조총과 도검의 기예를 지닌 장정들은 항오에 편입하여 실로 방어에 편하도록 하였고 노약자들은 군적에서 빼내어 농사를 지어 텅 빈 땅을 채우도록 하였습니다. 당직은 전쟁의 와중에서 살아남은 자를 수습하는 때를 맞이하여 한 사람의 백성, 한 사람의 군사도 또한 몹시 중요한데, 하물며 적추가 명을 따라 약속을 받고 군사를 거두어 바다를 건넌다면 그 밑에 남아서 위협을 당한 백성의 수가 반드시 많을 것이니 그 초무하는 직임을 더욱 조금이라도 늦출 수가 없는 것입니다. 마땅히 자문의 사리에 따라 면사첩문을 많이 내고 배신 권율 등이 있는 곳으로 보내면서 또한 별도로 초무하는 외에 이에 마땅히 회자하니 청컨대 검토하여 전보해 주십시오. 자문이 잘 도착하기를 바랍니다.

이 자문을 요동도지휘사사에 보냅니다.

만력 23년 2월 7일.

7. 都司查給各兵犒銀布花
11b-15a(24~31쪽)

遼東都指揮使司,

爲 請查頒賞官銀, 均霑恩典 事.

准欽差分守遼海東寧道兼理邊備屯田山東布政使司右參議楊咨.

蒙欽差總督兵部左侍郎孫批, 該本道呈, 蒙本部院批, 據兵馬遊擊吳惟忠呈, 前事. 蒙批, "仰遼陽分守道, 嚴行查報." 蒙此. 隨備倭副總兵劉綎會查. 去後, 今僱准本官手本回稱.

查得, 吳惟忠呈稱.

原差抄錄, 張掛告示, 一張內開, 剩銀四千六百六十五兩一錢告示. 又云, 各官兵中, 倘有未領者, 許赴張主事, 告明類報, 本部追發給料, 解劉綎犒賞留守官兵一萬六千名之用.

及查先奉軍門顧批, 據吳惟忠所呈山海關告示, 內開.

見在剩銀四千六百六十五兩一錢, 銀少軍多, 零星難散, 今議解發劉綎, 爲犒賞留守官兵一萬六千名之用.

本職竊詳, 一示所云, 一官所呈, 中間語句, 先後不一, 事屬影響. 據呈, 再賜行文山海關, 一查的有明據, 則非惟南兵獲賞, 而本職標下五千之衆, 亦得沾惠. 但前項銀兩, 委未鮮發到營, 已經具由呈明外, 其布花一節, 案查, 先奉經略侍郎宋明文, 內開.

藍白布四萬八千匹·綿花二萬八千斤, 於二十一年閏十一月并十二月, 不等日期, 准朝鮮國王咨, 差宣傳官高曦·尹忠男二起, 共運到藍白布五千六百九十五匹·綿花七千九百七十五斤半, 到營.

本職, 行委參軍經略張忠·旗牌彭士俊·同標下掌號官傅朝政, 備將前項布花, 均派, 參遊駱尙志·吳惟忠·戚金·宋大斌·谷燧·葛逢夏·胡尙忠·劉崇政, 千総鄧求和·王祚長·方銳·陸承恩等員下官兵, 各俱領訖. 惟參遊駱尙志·吳惟忠官兵, 一聞放粮, 自圖輕便, 稟稱, 願至王京支領. 時本職戍守大丘, 相去王京, 千有餘里, 本營官兵應得布花, 至今本年九月內, 順至王京, 方纔補足. 隨准該國咨稱, 尙存藍布一萬七千二百五十一匹·白布三千三百四十九匹·綿花八千二百八十八斤一十二兩, 收貯王京庫內. 是彼之花布猶存, 本營豈得冒越. 續該, 本職, 據本營官兵訴稱, 天氣漸冷, 綿絮未備, 請借前貯冬花應用緣由, 具呈本部院孫詳批, "冬花准借給, 仍於月粮內, 照數扣還. 繳." 遵照, 借用前貯冬花五千二十斤, 各兵用訖, 已經扣還價銀三百三十四兩六錢三分三釐二毫, 送貯定遼前庫外, 又卷查二十年起節, 奉經略侍郎宋八次憲牌.

發下兀喇[23]各五百雙, 俱行本職, 即將前項兀喇, 收給本營各軍具散過緣由, 呈報查考.

23) 兀喇: 원문에는 呃喇로 되어 있으나, 呃은 사전에 존재하지 않는 글자이다. 따라서 '兀喇'로 표기한다.

並無"開載轉發吳惟忠官兵字樣." 等因. 在卷可查. 今應子龍告稱, 係伊原領兀喇五百雙, 又不明開是何月. 乃指稱, 患病交付中, 軍官劉天佑收訖. 若旣係給發吳惟忠營內兀喇, 又該應子龍親領, 彼時, 豈不分散焉. 肯交付別營, 在子龍故稱患病. 豈彼兵二千餘名, 一一皆病耶. 爲照, 吳惟忠所呈三事, 除布花見貯王京, 聽彼自行支領, 但犒賞銀兩, 盖因彼兵鼓噪撫慰無由, 乃爾捕風捉影, 而不顧上司之批詳可據, 徒知移沙抵水, 而不思千里之耳目難支. 況本職亦有東征之寄, 若果有前項銀兩, 本職亦當請討矣. 豈彼兵獨有而我兵獨無耶. 此惟忠狂逞之名, 上下昭如也. 緣由.

回復到道. 看得, 南兵遊擊吳惟忠所呈, 犒賞銀兩 · 布花 · 兀喇, 旣經劉副將查稱, 原無犒賞銀兩, 亦無彼營兀喇, 盖因營兵鼓噪, 本官妄呈. 並無的據, 難以追求其應該布花見貯王京. 各兵入關已久, 長途難以取給, 合候詳示移咨都司, 轉咨朝鮮國王, 將王京庫貯前項藍布一萬七千二百五十一匹 · 白布三千三百四十九匹 · 綿花三千二百七十八斤一十二兩, 仍照, 如法收貯, 候倭事定息, 另議希將行收過緣由取具, 回咨過照. 蒙此.[24] 備咨.

到司. 准此. 擬合就行. 爲此, 合咨前去, 煩將庫貯前項藍布一萬七千二百五十一匹 · 白布三千三百四十九匹 · 綿花三千二百七十八斤一十二兩, 仍照, 如法收貯, 候倭事定息, 另議速將收過緣由, 希復囬司, 以憑緊等咨道轉報施行. 請勿未便. 須至咨者.

24) 蒙此 앞에는 '緣由. 具呈本部院, 蒙批,'와 같이 손광의 답신과 관련한 어구가 들어갈 것이나 생략된 것으로 보인다.

右咨朝鮮國王.

萬曆二十二年十二月二十日.

발신: 요동도지휘사사

사유: 상으로 반사한 관은을 조사하여 은전이 고르게 내려지도록 청하는 일입니다.

[요동도지휘사사] 흠차분수요해동녕도겸리변비둔전산동포정사사우참의 양(호)[25]의 자문을 받았습니다.

[양호] 전사[26]와 관련하여 본도(분수요해동녕도)에서 올린 정(呈)과 병마유격 오유충이 올린 정(呈)에 대해 「요양분수도에서 명을 내려 엄히 조사해 보고하십시오.」라는 흠차총독병부좌시랑 손(광)의 비(批)[27]를 받았습니다. 이를 받들고 얼마 후 비왜부총병(備倭副總兵) 유정과 함께 조사했습니다. 그 후 지금 재촉하여 본관(유정)으로부터 수본을 받으니 다음과 같이 회답했습니다.

[유정] 조사해 보니 오유충이 다음과 같은 정(呈)을 올렸습니다.

[오유충] 원래 보내준 초록(抄錄)을 1장으로 내걸어 고시하였는데 「남은 은 4,665냥 1전을 고시한다.」는 내용이었습니다. 또한 「각 관군 중에 혹시 아직 수령하지 못한 자는 장 주사(主事)에게로 가서 분명하

25) 양호(楊鎬, ?~1629)이다.

26) 본 문서의 사안인 '爲請查頒賞官銀均霑恩典事'를 가리킨다.

27) 하행 문서에 쓰인다. 상급자가 하급자에게 필요한 내용을 문서로 알릴 때의 문서 양식이다.

게 고하여 일일이 보고하면 본부에서 급료를 소급해서 지급하고 유정의 유수(留守)하는 관군 1만 6,000명에게 호궤(犒饋)하고 상을 내리는 용도로 쓰도록 보내겠습니다.」라고 했습니다.

[유정] 또한 오유충의 정문에 나오는 산해관 고시와 관련하여 이전에 받든 군문 고(양겸)의 비를 조사해 보니 다음과 같은 내용이었습니다.

[고양겸] 현재 남은 은 4,665냥 1전은 은이 적고 군사가 많아 수효가 적어 고루 나누어주기 어렵기에 지금 유정에게 보내어 유수하는 관군 1만 6,000명에게 호궤하고 상을 내리는 용도로 삼을 것을 논의했습니다.

[유정] 본직이 자세히 살펴보니 한 번 고시하여 알린 바와 한 관원이 정을 올린 바에서 중간의 말들이 앞뒤가 일치되지 않았는데 일은 그림자나 메아리 같이 빨리 퍼져 나갔습니다. 정을 받고 다시 산해관에 문서를 내려 보내어 한 번 정확한 근거가 있는지를 조사하라는 명을 내린즉 남병만이 상을 받은 것이 아니라 본직의 표하군(標下軍) 5,000 군사 역시 혜택을 받는다고 했습니다. 다만 전항의 은량이 실제로 본영에 아직 도착하지 않았으니 이미 사유를 갖추어 정문으로 분명히 보고한 외에, 포화(布花) 한 절목은 과거의 관련 안권(案卷)을 조사해 보니 이전에 경략시랑 송(응창)으로부터 받은 명문(明文)에 다음과 같은 내용이었습니다.

[송응창] 남백포(藍白布) 4만 8,000필, 면화 2만 8,000근과 관련해서는 만력 21년(1593) 윤11월과 12월의 어느 때인가 「선전관 고희(高曦)·윤충남(尹忠男)을 두 갈래로 차견하여 모두 남백포 5,695필, 면화 7,975근 반을 운반하여 가져가도록 했고 본영에 도착했습니다.」라는 조선국왕의 자문을 받았습니다.

[유정] 본직은 참군경략(參軍經略) 장충(張忠)·기패(旗牌) 팽사준(彭士俊)·동표하장호관(同標下掌號官) 부조정(傅朝政)에게 위임하여 전항의

포화를 갖추어 참장 낙상지(駱尙志)·유격 오유충·부총병 척금(戚金)·유격 송대빈(宋大斌)·유격 곡수(谷燧)·유격 갈봉하(葛逢夏)·유격 호상충(胡尙忠)·유격 유숭정(劉崇政)·천총 등구화(鄧求和)·천총 방예(方銳)·천총 육승은의 휘하 관군에 고르게 나누어주어 각각 모두 수령하도록 했습니다. 오직 참장 낙상지와 유격 오유충의 관군만이 곡식을 푼다는 말을 한 번 듣고 스스로 간편함을 도모하여 '왕경에 가서 수령하고 싶습니다.'라고 아뢰었습니다. 이때 본직은 대구(大丘)에서 수비하고 있어 왕경과의 거리가 천여 리 정도인데다가 본영의 관군은 응당 포화(남백포와 면화)를 얻어야 하는데 이제 본년 9월 내 왕경에 순조롭게 도착해야만 겨우 필요를 충족시킬 수 있었습니다. 얼마 후 해국의 자문을 받으니 「남포 1만 7,251필, 백포 3,349필, 면화 8,288근 12냥이 아직 남아 있어 왕경의 창고 내에 수습해서 보관하고 있습니다.」라고 했습니다. 저들의 면화와 포라는 것이 여전히 보존되어 있다고 하지만 어찌 본영에서 무릅쓰고 뛰어넘어 가겠습니까. 이어서 본직이 "날씨가 점차 추워짐에도 면과 솜이 갖추어지지 않으니 청컨대 예전에 보관한 겨울 면화를 빌려 응당 활용할 수 있게 해 주십시오."라고 본영 관군이 호소하는 것에 대해서 정문을 갖추어 올리니 본부원 손(광)이 상비를 내려 「겨울 면화를 빌려주는 것을 준허하며 그에 따라 월량(月粮) 내에서 숫자를 대조하여 일부를 반납하십시오. 사안이 처리되면 격보(繳報)하십시오.」라고 했습니다. (상비의) 내용에 따라 준행하여 예전에 보관된 겨울 면화 5,020근을 차용하여 각 군사가 쓸 수 있도록 했고, 이미 대금 334냥 6전 3푼 3리 2호를 반납하여 전에 보관했던 정료위(定遼衛)[28]의 전고(前庫)에 보낸 외에, 만력 20년에 작성된 절목 문서를 조사해 보니 경략시랑

28) 요동도지휘사사의 옛 명칭이다. 자료에서는 요동도지휘사사의 소속 관아를 지칭하는 듯하다.

송(응창)의 8차 헌패(憲牌)를 받들었습니다.

[송응창] 올라화(兀喇靴)·올라혜(兀喇鞋) 각 500쌍을 발하(發下)하여 모두 본직에게 내리니 전항의 올라화를 접수하여 본영의 각 군에게 지급하고 나누어준 연유를 갖추어 정문으로 보고해서 살펴 조사할 수 있도록 하십시오.

[유정] 아울러 「오유충의 관군에게 전달했다.」라고 열거해 기재한 글은 없습니다. 문서에 실려 있어 조사해 볼 수 있습니다. 지금 응자룡(應子龍)이 '원래 수령한 올라 화·혜 500쌍은 또한 분명하게 몇 월 며칠인지 기술하지 않았습니다.'라고 아뢰었습니다. 다만, '병이 나서 교부하던 중군관 유천우(劉天佑)가 수령했습니다.'라고 가리켜 말했습니다. 이미 올라화를 내어 오유충 영내에 지급했고 또한 그 응자룡이 친히 수령한 것이라면 그때 어찌 나누어주지 않았겠습니까. 기꺼이 별영에 교부하려 했으나 자룡에게 일이 생겨 병을 칭한 것입니다. 어찌 저들 군사 2,000여 명이 일일이 다 병이 났겠습니까. 살펴보건대 오유충이 정으로 올린 3가지 일에서, 포화가 현재 왕경에 보관돼 있는 것을 제외하면 저들이 스스로 가서 받아오기를 들어준다는 것과 다만 은량으로 호궤하고 상을 내리는 이유가 저 군사들의 기세를 올리고 위무할 길이 없기 때문이라는 것은 마침내 근거가 없으며 상사(上司)의 비(批)에서 상세히 근거로 삼아야 할 것을 돌아보지 않은 것이니 모래를 옮겨 물을 가둘 줄만 알았지 천리의 이목을 떠받치기 어렵다는 것은 생각하지 못하는 것입니다. 게다가 본직 또한 동정(東征)을 담당하고 있기에 만약 전항의 은량이 있다면 마땅히 요청할 것입니다. 어찌 저들 군사만 홀로 차지하고 우리 군사만 없이 하겠습니까. 이는 오유충의 멋대로 한다는 소문을 상하에 뚜렷하게 보이는 것입니다.

[양호] 회답이 도에 도착했습니다. 살펴보건대 남병유격 오유충이 정으로 올린 바의 호상(犒賞)하는 은량·포화·올라에 대해서 이미 부장 유(정)가 조사하여 「원래 호상할 은량은 없었고 또한 저들 군영에 도착한 올라도 없었으며, 군영의 군사의 기세를 올리려 한다는 말은 본관(오유충)이 망령되이 보고한 것입니다. 아울러 정확한 근거가 없어 현재 왕경에 보관됐다고 하는 해당 포화를 추적하여 찾아내기가 어렵습니다. 각 군사가 입관한 지 이미 오래여서 먼 길에 공급하기 어려우니 마땅히 자세히 명시하여 도사(都司)에게 이자(移咨)하기를 기다리고 조선국왕에게도 자문을 보내어 왕경의 창고에 보관돼 있다는 전항의 남포 1만 7,251필, 백포 3,349필, 면화 3,278근 12냥을 연이어 살펴 법대로 수습해 보관하도록 하고 왜사(倭事)가 안정되기를 기다려 별도로 의논해 (조선에서) 수합한 연유를 취하여 갖추어 회자한 내용을 넘겨주어 살펴볼 수 있도록 하십시오.」라고 했습니다. (본부원으로부터 이것을 허락한다는 지시를) 받고서 자문을 갖추어 보냅니다.

[요동도지휘사사] 본사에 도착했습니다. 이를 받고 헤아려 보건대 마땅히 곧바로 시행해야 할 것입니다. 이에 마땅히 자문을 보내니 번거롭겠지만 창고에 보관된 전항의 남포 1만 7,251필, 백포 3,349필, 면화 3,278근 12냥을 다시 법대로 수습해 보관하고 왜사가 안정되기를 기다려 별도로 의논하여 속히 수합한 연유를 본사에 회답하면, 이를 근거로 삼아 긴급히 도(요해동녕도)에 자문을 보내 전보할 수 있도록 해 주십시오. 청컨대 미편한 일이 없어야 합니다. 자문이 잘 도착하기를 바랍니다.

이 자문을 조선국왕에게 보냅니다.

만력 22년 12월 20일.

8. 回咨
15a-17a(31~35쪽)

朝鮮國王,

爲 查報原收布・花數目, 仍爲如法收貯 事.

萬曆二十三年正月二十三日, 准貴司咨, 該爲請查頒賞官銀等事. 節該.

准欽差分守遼海東寧道山東布政使司右參議楊咨.

蒙欽差總督薊遼保定等處軍務兵部左侍郎兼都察院右僉都御史孫批, 該本道呈, 蒙本部院批, 據南兵遊擊吳惟忠呈, 前事. 蒙批, 仰分守道, 嚴行查報. 蒙此. 云云. 等因.

准此. 查照, 先該, 萬曆二十二年九月內, 准貴司咨.

貴司[29]煩查前項犒賞留守官兵, 藍白布四萬八千匹・花二萬八千斤. 彼時, 該國原收何官觧到藍白布各若干匹・綿花若干斤, 收于何處寄放該國, 該國差官何人前後觧到大丘布若干・花若干, 見在若干在于何處收貯, 希由囬復, 以憑轉報施行. 等因.

准此. 即令戶曹陪臣明查, 貴司經歷谷應禎節次運到藍白布并四萬八千匹・

---

29) 본 문서의 '貴司'는 생략하는 것이 문맥상 더 자연스럽다.

花二萬八千斤內, 前後搬送支過, 藍布一萬四千七百四十九匹·白布一萬二千七百五十一匹·花一萬九千七百一斤五兩, 其餘在庫, 藍布一萬七千二百五十一匹·白布三千二百四十九匹·花八千二百九十八斤一十二兩數目, 已經備查回復. 去後, 今該前因, 竊照, 咨內開寫, 小邦庫儲前項藍布一萬七千二百五十一匹, 查與戶曹見貯一萬七千二百五十一匹數目相同. 白布三千三百四十九匹, 查與戶曹見貯三千二百四十九匹數目相比, 多餘一百匹影數. 綿花三千二百七十八斤一十二兩, 查與戶曹見貯八千二百九十八斤一十一兩數目相比, 多餘五千二十斤實數. 白布二百之二字, 想是扣筭謄寫之際, 誤寫爲三. 綿花實數, 前於咨復之時, 已將總兵劉借支五千二十三斤, 實數扣入, 該用過數內, 其餘見在八千二百九十八斤一十一兩, 並開咨內. 今准來咨開寫數目, 與小邦見在數目, 欠少五千二十斤, 正與總兵劉前項借支數目相同, 想總兵劉不知小邦已於原扣咨報數內, 查減此數, 而又加扣除也. 乞再查明回示. 其餘秤盤收放之際, 零星耗數, 計亦不無, 而大約數目如此. 責令戶曹查點原收布·花, 如法收貯, 聽候日後, 另議施行外, 爲此, 合行回咨, 請照驗轉報施行. 須至咨者.
右咨遼東都指揮使司.

萬曆二十三年二月初七日.

발신: 조선국왕

사유: 원래 거두어들인 포와 면화 수목을 조사 보고하고 인하여 법대로 수습해서 보관하는 일입니다.

[조선국왕] 만력 23년 1월 23일 귀사의 자문을 받으니, 「청컨대 상으로 반사(頒賜)한 관은(官銀)을 조사해 주십시오.」라고 했습니다. 그 내용은 대략 다음과 같았습니다.

[요동도지휘사사] 흠차분수요해동녕도산동포정사사우참의 양(호)의 자문을 받았습니다.

[양호] 전사[30]와 관련하여 본도(분수요해동녕도)에서 올린 정(呈)에 대해서 그리고 남병유격 오유충이 올린 정에 대해서 흠차총독계료보정등처군무병부좌시랑겸도찰원우첨도어사 손(광)으로부터 「분수도에 내려 엄히 조사하여 보고하십시오.」라는 비를 받들었습니다. 이를 받고서 「운운」라고 했습니다.

[조선국왕] 이를 받고 살펴보건대 이전 만력 22년(1594) 9월에 귀사의 자문을 받았습니다.

[요동도지휘사사] (귀사는)[31] 번거롭겠지만 조선에 머물러 지키는 관병에게 호상한 전항의 남백포 4만 8,000필, 면화 2만 8,000근을 조사하십시오. 그 당시 해국에서 원래 거두어들일 때 어떤 관원이 남백포 각각 몇 필, 면화 몇 근을 해송해 와서 해국의 어느 곳에 임시로 맡겨 두었는지, 해국은 관원을 차견해서 어떤 사람이 전후로 대구에 포 얼마, 면화 얼마를 해송해 주었는지, 현재 얼마 정도가 어느 곳에서 수습 보관하고 있는지에 대해서 바라건대 사유를 회답해서 근거로 삼아 전보하게 해 주십시오.

[조선국왕] 이를 받고 곧바로 호조의 배신이 분명하게 조사해 보니 귀사의 경력(經歷) 곡응정(谷應禎)이 차례대로 운반해 온 남백포 4만 8,000필, 면화 2만 8,000근에서 전후로 운반해 대어 준 남포 1만 4,749필, 백포 1만 2,751

30) 본 문서의 사안인 '爲查報原收布花數目仍爲如法收貯事'를 가리킨다.

31) 본 문서의 '貴司'는 조선국왕이 요동도지휘사사를 지칭하는 표현이므로 해석하지 않기로 한다.

필, 면화 1만 9,701근 5냥과, 그 나머지 창고에 있는 남포 1만 7,251필, 백포 3,249필, 면화 8,298근 12냥의 수량을 이미 조사해 갖추어 회답했습니다. 이러한 조치를 다한 후 이번에 위의 자문을 받고 가만히 살펴보건대 자문 내에 기재된 소방의 창고에 보관됐다는 전항의 남포 1만 7,251필은 조사해 보니 현재 호조에서 보관하는 1만 7,251필의 수량과 서로 같습니다. 백포 3,349필은 조사해 보니 현재 호조에서 보관하는 3,249필의 수량과 비교해 볼 때 많은 쪽의 나머지가 100필로 비는 숫자이고, 면화 3,278근 12냥은 조사해 보니 현재 호조에서 보관하는 8,298근 11냥과 비교할 때 많은 쪽의 나머지가 5,020근으로 실재 수치입니다. 백포의 '二百' 두 글자는 생각해 보건대 이는 결산하여 등사하는 과정에서 잘못하여 '三'자로 쓴 듯합니다. 면화의 실제 보관 수량은 전에 자문으로 회답할 때 이미 총병 유[32]에게 가불해 지급한 5,023근을 실재 수량으로 산입하여 (총병 유가) 지출한 수량 중에서 그 나머지가 현재 8,298근 11냥이라는 것을 모두 자문에 열거했습니다. 지금 보내 온 자문에 열거된 수량은 소방의 현재 수량에서 5,020근이 조금 모자란데 바로 전항(前項)의 총병 유에게 가불한 수량과 같으니 생각해 보건대 총병 유는 소방이 최초에 결산할 때 자문으로 보고한 숫자에서 조사하여 이 숫자를 뺀 것을 모르고서 다시 제외한 듯합니다. 바라건대 다시 명확히 조사하여 회답하여 주십시오. 그 나머지는 수입과 지출을 저울질하는 사이에 수효가 적어 모자란 숫자는 계산해 보면 역시 없지 않지만 대략의 수량은 이와 같습니다. 호조에 책령(責令)하여 원래 거두어들인 포와 면화를 법대로 수습 보관하고 훗날을 기다려 따로 의논하는 것 외에 이에 마땅히 회자하니 청컨대 검토하여 전보하기 바랍니다. 자문이 잘 도착하기를 바랍니다.

32) 부총병 유정을 지칭한다.

이 자문을 요동도지휘사사에게 보냅니다.

만력 23년 2월 7일.

9. 都司咨令降倭分籍各營
17a-19a(35~39쪽)

遼東都指揮使司,

爲 解送降倭 事.

准欽差分守遼海東寧道兼理邉備屯田山東布政使司右參議楊咨.

蒙欽差總督薊遼保定等處軍務兼理粮餉經略禦倭兵部左侍郎兼都察院右僉都御史孫批, 該本道呈, 據遼東都司呈[33], 前事. 蒙議,[34] "仰分守道查報." 又蒙欽差巡撫遼東地方賛理軍務兼管備倭都察院右僉都御史李批, 據遼東都司呈, 同前事. 蒙批, "仰分守道查報". 蒙此. 行據都司萬柳茂呈.

遵依. 隨喚通事東寧衛百戶田四畏, 與朝鮮通事朴大根, 并降倭看汝文等二十二名, 各到官驛, 審得, 各倭供稱, 俱係日本國圓山州, 即國王都等處人, 舊歲因犯朝鮮國, 被關白聚練爲兵. 看汝文·小要文·見戒老·時尼愁戒·道花知·九羅奴愁戒·要其知·也沙九, 係倭酋清

33) 앞에 '蒙本部院批'가 생략된 듯하다.

34) 문맥상 '蒙批'가 더 적합한 것으로 보인다.

正陣下兵卒，深波知·伊老花知·沙九蘇，係倭酋森侍從下兵卒，頓三甫羅·蘇其知·馬多愁戒·新其知·規宇老古，係倭酋加賀守下兵卒，衞汝文·要三甫羅，係倭酋壹岐守下兵卒，愁戒汝文·泥汝文·時老沙汝文·多羅汝文，係倭酋甲斐守下兵卒，各部統．自平壤敗兵後，關白又令在於釜山築城盖房駐箚，苦楚不過，又軍法利害，但違犯就斬，致汝文等，先後合夥，於萬曆二十二年八月九十等月內投降．朝鮮國王令兵曹，會同通事，譯審明白，解送前來．及審倭中情節，委係散卒，巨細事宜，在淸正等官，未得盡知．但聞關白久住釜山，只待天朝封後回國，其部下兵卒，俱生怨心，恨不能速回．但關白未有示下．又稱，今年不貢，來春還要侵犯，未定何處等情．據此．譯審得各倭情節，俱係番語，惟通事百戶田四畏，與朝鮮通事朴大根傳言，中間真僞，難以遽信．合無比照前次，降倭分發各堡安插．緣由．

回報到道．“看得，看汝文等，困迫投降，若屬真確．但非我族類，情亦叵測，相應分發各營堡，防閑畜養．”緣由．具呈照詳．蒙批，“各降倭如議分發各堡安插．據審倭情，大略已見，仰行都司，移文朝鮮國，以後如有降倭，不必解此．繳．”蒙此．降倭分發各堡安插外，擬合就行．爲此，合咨前去，煩照移文朝鮮國，以後如有降倭，不必解審．希將行過緣由，回照．

准此．擬合就行．爲此，合咨前去，煩請貴國，以後如有降倭，就彼安挿，不必解審．仍將行過緣由，希咨回照．須至咨者．

右咨朝鮮國王．

萬曆二十三年正月初九日．

발신: 요동도지휘사사

사유: 항왜를 해송하는 일입니다.

[요동도지휘사사] 흠차분수요해동녕도겸리변비둔전 산동포정사사우참의 양(호)의 자문을 받았습니다.

[양호] 전사[35]와 관련하여 본도(분수요해동녕도)에서 올린 정(呈)과 요동도사가가 올린 정에 대해서 흠차총독계료보정등처군무겸리양향경략어왜병부좌시랑겸도찰원우첨도어사 손(광)으로부터 「분수도에 내리니 바라건대 조사하여 보고하십시오.」라는 비(批)를 받들었습니다. 똑같이 전사와 관련하여 요동도사가 올린 정에 대하여 흠차순무요동지방찬리군무겸관비왜도찰원우첨도어사 이(李)[36]로부터 「분수도에 내리니 바라건대 조사하여 보고하십시오.」라는 비(批)를 받았습니다. 이를 받들어 도사 만유무(萬柳茂)에게 문서를 보냈고 만유무로부터 정을 받았습니다.

[만유무] 그대로 준행했습니다. 얼마 후 통사 동녕위(東寧衞) 백호(百戶) 전사외(田四畏)와 조선통사 박대근(朴大根)을 불렀고 아울러 항왜 간여문 등 22명이 각각 관역(官驛)에 도착하여 심문해서 '모두 일본국 원산주(圓山州) 곧, (그) 나라의 왕도(王都) 등지의 사람인데 지난해 조선국을 침범한다는 연유로 관백에게 동원되어 훈련을 받고 군사가 됐습니다. 간여문·소여문·견계로·시니수계·도화지·구라노수계·요기지·야사구는 왜추(倭酋) 가토 기요마사(淸正)[37] 진영의 병졸이고, 심파지·이로화지·사구소는 왜추 모리 요시나리[38]의 병졸이며, 돈삼보라·소기지·

35) 본 문서의 사안인 '爲解送降倭事'를 가리킨다.

36) 앞의 1번 문서에 등장하는 이화룡이다. 『事大文軌』 卷12, 都司欽奉聖旨先許倭封 萬曆二十二年 十一月 二十七日.

37) 원문에는 '淸正'으로 기재되어 있다.

마다수계·신기지·규우로고는 왜추 나베시마 나오시게[39]의 병졸이며, 위여문·요삼보라는 왜추 모리 요시나리[40]의 병졸이며, 수계여문·니여문·시로사여문·다라여문은 왜추 구로다 나가마사[41]의 병졸인데 각 부에서 이들을 통할했습니다. 평양에서 패전한 후로 관백이 또한 명하여 부산에서 성을 쌓고 집을 지어 주둔하라고 했지만 고초를 잘 넘기지 못했고 또한 군법의 이해에서 단지 어기기만 해도 곧바로 참하니 치여문 등이 선후로 작당하여 만력 22년(1594) 8·9·10월에 투항했습니다.'라는 공초를 얻었습니다. 조선국왕은 병조에 명령을 내려 통사와 회동하여 명백히 심문하도록 지시하고 해송하여 보냈습니다. 왜적의 실정을 심문함에 미쳐서는 실로 이들이 산졸(散卒)이라 크고 자세한 내용에 관해서는 가토 기요마사 등의 관속으로 있었지만 모든 것을 알지는 못했습니다. 다만 들으니 관백이 (군사들에게) 부산에 오랫동안 주둔하다가 오직 천조(天朝)에서 봉해 준 뒤에야 본국으로 돌아오라고 하여 그 부하와 병졸은 모두 원망하는 마음을 가지고 속히 돌아가지 못하는 것을 한탄했다고 합니다. 그럼에도 관백은 아직까지 지시가 없다고 합니다. 또한, '올해에 공사(貢事)가 이루어지지 않으면 다음해 봄에 다시 침략하여 범한다고 하였으나 아직 어느 곳으로 정해지지는 않았다.'라고 말했습니다. 이를 받고서 각 왜의 사정을 심문하였으나 모두 오랑캐의 말이고 통사 백호 전사외와 조선통사 박대근만이 말을 전달하니 중간의 진위를 차례

38) 원문에는 '森侍從'으로 기재되어 있다. 모리 요시나리(森可成, ?~1611)는 임진왜란기 제4군 지휘관으로 참전했다.

39) 원문에는 '加賀守'로 기재되어 있다. 나베시마 나오시게(鍋島直茂, 1537~1619)는 가토 기요마사(加藤清正, 1562~1611)와 함께 제2군에서 활동했다.

40) 원문에는 '壹岐守'로 기재되어 있다. 앞의 모리 요시나리와 중복된다.

41) 원문에는 '甲斐守'로 기재되어 있다. 구로다 나가마사(黑田長政, 1568~1623)는 임진왜란기 제3군을 이끌고 황해도 방면으로 전진했다.

대로 믿기 어렵습니다. 이전의 공초와 대조하고 항왜를 각 보로 나누어 보내 안착하도록 하는 것이 어떨까 합니다.

[양호] 만유무의 회답이 도(분수요해동녕도)에 도착했습니다. 「살펴보건대, 간여문 등은 몹시 절박하여 투항한 것이 확실한 듯합니다. 다만 우리와 같은 족류(族類)가 아니라 정형을 헤아리기 어려우니 마땅히 각 영보(營堡)에 나누어 보내 활동을 제한하면서 돌봐 주십시오.」라는 내용으로 갖추어 정문을 올려 자세히 살펴 주시기를 요청했습니다. 「각 항왜를 의논대로 각 보로 나누어 보내 안착하도록 하십시오. 왜정을 심문하는 일에 대해서는 대략 이미 드러났으니 바라건대 도사(遼東都司)에 문서를 보내어 조선국에 이문(移文)하고 이후에는 만약 항왜가 있더라도 이렇게 호송해 보낼 필요는 없다고 하십시오. 사안이 처리되면 격보(繳報)하십시오.」라는 (손광의) 비문을 받았습니다. 이를 받들어 항왜를 각 보에 나누어 보내 안착하도록 하는 외에 헤아려 보건대 곧바로 시행해야 하겠습니다. 이에 마땅히 자문을 보내니 번거롭더라도 내용을 살펴서 조선국에 이문하여 이후에 항왜가 있더라도 여기로 호송해 올 필요가 없다고 해 주십시오. 시행한 연유를 회답해 주시기 바랍니다.

[요동도지휘사사] 이를 받고 헤아려 보건대 마땅히 곧바로 시행해야겠습니다. 이에 마땅히 자문을 보내니 번거롭겠지만 청컨대 귀국은 이후에 항왜가 있더라도 곧바로 그들을 안착시키되 호송하여 심문할 필요는 없습니다. 덧붙여 시행한 연유를 자문으로 회답해 주십시오. 자문이 잘 도착하기를 바랍니다.

이 자문을 조선국왕에게 보냅니다.

만력 23년 1월 9일.

10. 回咨
19a-19b(39~40쪽)

朝鮮國王,

准來咨, 該爲 觧送降倭 事. 云云. 等因.

准此. 査照, 各起降倭能傳說彼中聲息. 爲此, 節次差人押解, 以憑査問賊情. 今依咨內事理, 遇有降倭來到, 安揷小邦境內, 不必觧審外, 爲此, 合行回咨, 請照驗轉報施行. 須至咨者.

右咨遼東都指揮使司.

萬曆二十三年二月初七日.

발신: 조선국왕

사유: 보내온 자문을 받으니, 「항왜[42]를 해송하는 일입니다. 운운」 하였습니다.

42) 항왜에 관해서는 이장희의 연구를 참고할 수 있다. 이장희는 우선 항왜의 투항 원인으로 일본군 병사가 각 진영으로 전전하면서 군역을 괴롭게 여기던 차에 조선 조정에서 항왜를 후대한다는 소문을 듣고 내항했다고 했다. 이들은 오랜 전쟁을 수행하는 동안 본국 일본의 사정을 잘 알고 있었고, 장기전에

이를 받고 조사해 보니 각기 일어난 항왜가 능히 저들 영중(營中)의 성식을 전해 줄 수 있었습니다. 이에 차례대로 사람을 보내 압송하여 이들을 근거로 삼아 적정을 조사하여 물었습니다. 지금 자문 내 사리에 따라 혹시 항왜가 오는 경우가 있으면 소방의 경내에 안착시키되 호송해 보내 심문할 필요가 없다는 것 외에 이에 마땅히 회자하니 청컨대 검토하여 전보해 주십시오. 자문이 잘 도착하기를 바랍니다.

이 자문을 요동도지휘사사에 보냅니다.

만력 23년 2월 7일.

승산이 없었음을 간파하고 있었다. 또한 전쟁에 염증을 느끼고 있었으리라 생각된다. 철수한 후 본국에 돌아간 뒤에도 역역(力役)이 끝나지 않을 것을 예상하고 투항한 것으로 볼 수 있다. 조선의 조야(朝野)에서는 항왜의 유치 문제를 두고 격론이 일었다. 이는 1593년부터 논의되기 시작했고 일본이 강화교섭을 진행한 이후 소강상태로 접어들어 일본군의 조선 투항이 점점 더 증가했다. 이여송 부대가 철수한 후 1594년 4월 선조는 조정회의에서 항왜를 살해하는 일이 무익하다고 주장하고 투항자에게 곡식을 주고, 벼슬을 주어 대(對)일본군 전선에서 활용하자는 안을 내놓았다. 이에 1594년 이후 조선에서는 활발하게 항왜를 유치하기 시작했다. 조선 조정에서는 이들에게 사용(司勇), 사정(司正) 등의 무반 고신(告身)을 부여하고, 중요한 인물에게는 당상관교(堂上官敎) 또는 가선관교(嘉善官敎)까지 허락했다. 李章熙, 2007, 『개정·증보 임진왜란사 연구』, 아세아문화사, 365~371쪽.

11. 張都司咨報船運山東米豆
19b-21b(40~44쪽)

遼東都司軍政僉書兼管屯都指揮使張,

爲 遵旨專責部臣經略倭患 事.

准金州守備都指揮僉事任手本.

蒙欽差整飭金復海盖山東布政使郭案驗.

准欽差經略征倭粮餉戶部主事艾手本前事. 備行本府, 即將金州舩戶委官劉臻等押解船戶李景先等十名共舩十隻, 裝運米豆七百一十石, 於萬曆二十一年十月內, 交與朝鮮國督運使黃汝一收卸. 旗牌易景宗, 押解舩戶金志倉, 裝運山東米豆六百石, 於萬曆二十二年三月內, 交與本國委官工曹佐郎李軫收卸. 山東委官周紹祖, 管押船戶董慶春等九名舩九隻, 共載米一千一百八十三石·豆五百七石, 於[43]二十一年六月十六日, 交與彌串督運使李慶涵收卸. 山東委官周謙, 管押船戶傳賞等一十二名, 共舩一十二隻, 共載米豆四千一百四十七石 二斗, 於[44]二十一年九月初二日, 交與該國委官工曹正郎[45]黃汝一收

43) '萬曆'이 생략돼 있다.

44) '萬曆'이 생략돼 있다.

卸. 金州舩戶董尙惠·白應奎·馬進忠·董應和四名, 共舩四隻, 共載金州米八百六石, 於[46]二十二年三月內, 交與工曹佐郎李軫收卸. 卷査, 節經金州守備任手本, 取獲收粮, 佐郎等官李慶涵·黃汝一·李軫等, 陸續收過舩戶李景先等米豆, 印信實收行文, 査取未回. 干係錢粮, 不得完鎖. 復査來咨內云, 舩戶金廷湖, 載運山東米五百六十石, 赴本國平壤等處交卸, 偶遇風波, 刮至扶安縣地名非良島, 撞遇賊舩, 鄭恩福·崔仁禮等, 駕舩六隻, 將所運米豆布帒·衣物等件, 盡行刼去. 止追見獲原裝山東米四十八石. 具經照數, 收入彼國倉內收候外, 其未獲五百一十三石, 作何追賠, 明白備云咨內. 本司欲要再行該曹, 并收粮官員, 取具印信實收, 亦恐躭延不便. 擬合請會. 爲此, 合咨前去, 貴國煩爲速行, 該曹陪臣, 并收粮佐郎等官, 即將收過米豆各數目, 眞正印信實收, 一揉十本, 希文回復, 以憑立等施行. 請勿遲延未便. 須至咨者.

右咨朝鮮國王.

萬曆二十二年十月二十三日.

발신: 요동도사군정첨서겸관둔도지휘사 장[47]

사유: 성지의 내용대로 부신(部臣)에게 책임을 전담시켜 왜환(倭患)을 경략하게 하는 일입니다.

45) 앞에는 '督運使'로 나왔다.

46) '萬曆'이 생략돼 있다.

47) 장삼외를 이른다.

[장삼외] 금주(金州)의 수비(守備)인 도지휘첨사(都指揮僉事) 임(任)의 수본(手本)을 받았습니다.

[임 수비] 흠차정칙금복해개산동포정사 곽(郭)[48]의 안험(案驗)을 받들었습니다.

[곽성지] 전사[49]에 대해 흠차경략정왜양향호부주사 애(艾)[50]가 보낸 수본을 받았습니다. 본부(本府)에 「금주의 선호위관(舩戶委官) 유진(劉臻) 등은 선호(船戶) 이경선(李景先) 등 10명의 배 총 10척을 거느리고 쌀과 콩 710석(石)을 실어 와서 만력(萬曆) 21년(1593) 10월 내에 조선국(朝鮮國)의 독운사(督運使) 황여일(黃汝一)에게 주었습니다. 기패 역경종(易景宗)은 선호 김지창(金志倉)이 실어온 산동(山東)의 쌀과 콩 600석을 만력 22년 3월 내에 본국(本國)의 위관 공조좌랑(工曹佐郎) 이진(李軫)에게 주었습니다. 산동의 위관 주소조(周紹祖)는 선호 동경춘(董慶春) 등 9명의 배 9척에 쌀 총 1,183석·콩 507석을 실어 와서 (만력) 21년(1593) 6월 16일에 미곶(彌串)의 독운사 이경함(李慶涵)에게 주었습니다. 산동의 위관 주겸(周謙)은 선호 전상(傳賞) 등 12명의 배 12척에 쌀 총 4,147석 2두를 실어 와서 (만력) 21년(1593) 9월 2일에 그 나라의 위관 공조정랑(工曹正郎) 황여일에게 주었습니다. 금주의 선호 동상혜(董尙惠)·백응규(白應奎)·마진충(馬進忠)·동응화(董應和) 4명은 배 총 4척에 금주의 쌀 총 806석을 실어 와서 (만력) 22년 3월 내에 공조좌랑 이진에게 주었습니다.」라는 내용으로 갖추어 보냈습니다.

[장삼외] 관련된 문서를 찾아보니, 여러 차례 금주수비 임(任)의 수본에서는

48) 곽성지(郭性之, ?~?)를 이른다.

49) 본 문서의 사안인 '爲遵旨專責部臣經略倭患事'를 가리킨다.

50) 애유신(艾維新, ?~?)을 이른다. 애유신은 '艾惟新'으로도 나타난다.

(그 당시) 획득하여 거둔 군량을 받은 좌랑 등의 관원 이경함·황여일·이진이 선호 이경선 등으로부터 연속해서 받은 쌀과 콩과 관련하여 실제로 거둔 수에 대한 인신(印信)이 찍힌 영수증을 문서로 보내라고 했지만 확인받지 못했다고 합니다. 재정[錢粮]에 관계된 것인데 완전하게 일을 처리하지 못했습니다. 다시 조사해 보니, 「선호 김정호가 산동의 쌀 560석을 싣고서 본국의 평양 등처에 가서 내려놓으려다가 우연히 풍파를 만나 길을 바꾸었고 부안현(扶安縣)의 비양도(非良島)라는 곳에 이르러 적선(賊舡)과 마주쳤는데 정은복(鄭恩福)·최인례(崔仁禮) 등이 배 6척을 타고서 실어 두었던 쌀과 콩의 자루 및 옷가지 등을 모조리 약탈해 갔습니다. 추격했지만 단지 원래 실었던 산동의 쌀 48석만 되찾았습니다.」라는 내용의 자문을 보냈습니다. 완전히 숫자를 파악하고 나서 저 나라의 창고 안에 거두어 두기를 기다리는 것 외에도, 되찾지 못한 513석을 추후에 어떻게 배상할 것인지를 명백하게 자문 안에 갖추어 주십시오. 본사에서 재차 해조와 군량을 거두는 관원들로 하여금 실제로 거둔 수에 대해 인신이 찍힌 문서를 갖추게 하고자 하는데 이 또한 지연되어 불편할까 걱정됩니다. 헤아려 보건대, 마땅히 회람해 주실 것을 청해야 하겠습니다. 이에 마땅히 자문을 보내오니, 귀국(貴國)은 번거롭더라도 속히 문서를 보내어 해당 관사의 배신과 군량을 거두는 좌랑(佐郎) 등의 관원들로 하여금 곧바로 이미 거둔 쌀과 콩의 각 수목에 대해서 실제로 거둔 수에 대한 인신이 찍힌 동일 양식의 문서 10통을 문서로 회답하여 이를 근거로 즉시 시행하게 해 주시기 바랍니다. 청컨대 지연시켜서 불편하지 않도록 해 주십시오. 자문이 잘 도착하기를 바랍니다.

이 자문을 조선국왕에게 보냅니다.

만력 22년 2월 23일.

12. 回咨

21b-23b(44~48쪽)

朝鮮國王,

爲 查報收過米豆數目等 事.

本年二月初八日, 准貴國[51]咨, 該爲遵旨專責部臣經略倭患事. 云云. 等因. 准此. 行據戶曹狀啓.

即將收過山東米豆文册, 查照, "委的有山東委官周紹祖, 管押舩戶董慶春等九名, 舩九隻共載米一千一百八十三石·豆五百七石, 於萬曆[52]二十一年六月內[53], 交與本國[54]督運使李慶涵收卸. 山東委官周謙, 管押舩戶傳賞等一十二名, 共舩一十二隻, 共載米豆四千一百四十七石二斗, 於[55]二十一年九月內[56], 交與本國[57]委官工曹正郎[58]黃汝一收卸.

---

51) 문맥상 '貴國'은 '貴司'의 오기로 보인다.

52) 11번 문서에는 '萬曆'이 생략되어 있다.

53) 11번 문서에는 '內' 부분에 '十六日'이라는 일자가 보인다.

54) 11번 문서에는 '本國' 부분이 '彌串'으로 되어 있다.

55) 11번 문서와 동일하게 '萬曆'이 생략됐다.

56) 內 부분은 앞 11번 문서에 '初二日'이라는 구체적인 일자가 보인다.

57) 11번 문서에는 '本國'이 '該國'으로 나온다.

58) 앞에서는 '督運使'로 나왔다.

金州委官劉臻等，管押船戶李景先等十名舩十隻，共載米豆七百一十石，於二十一年十月內，交與本國工曹正郎黃汝一收卸．旗牌易景宗，管押舩戶金志倉，裝解米豆六百石，於二十二年三月內，交與本國委官工曹佐郎李軫收卸．金州舩戶董尙惠·白應奎·馬進忠·董應和四名，舩四隻共載米八百六石，於二十二年三月內，交與本國工曹佐郎李軫收卸．又査委的有舩戶金廷湖，裝運米豆五百六十石，漂至本國全羅道扶安縣非良島地面，被本國水賊崔仁禮·鄭恩福等夥衆行刼，將所運各項米石，盡行搶去，本道觀察使李廷馣，鄭恩福等一十二名取訖，的確招辭，按律處置，止追見獲，原裝小米四十五石，菉米三石，俱已入倉聽候，其未獲米五百一十二石[59]，爲緣各賊，具係招集海戶，旣已明正典刑，更無親屬隣佑，可以根査追賠等．” 緣由．已經啓奉，敬依遵行．等因．

具啓．當職爲照，所據管粮陪臣李慶涵·黃汝一·李軫等，五次收過米豆，俱已照數搬運，査無欠少數目．但李慶涵·黃汝一·李軫等，或赴府·縣任所，或因公幹外，著令戶曹陪臣，査明各人收過米豆數目，替給印信實收一摞十本．賊人鄭恩福等，原搶小米五百一十二石，緣各賊俱已處重，更無親屬隣佑，可以査追，轉行本縣等候秋成，將所失的數一一賠納上倉．仍照金廷湖等，爲小邦運解粮餉被刼，海島往來，査勘幸苦萬狀，情宜酌處．爲此，合行回咨，請照驗轉報施行．須至咨者．

右咨遼東都司軍政僉書(兼)[60]管屯都指揮使張．

59) 11번 문서의 513석은 오기였던 것으로 보인다.

60) 앞의 자문에서는 '兼管屯都指揮使'로 표기됐으나 본 回咨에서는 '兼'이 빠져 있다.

萬曆二十三年二月十六日.

발신: 조선국왕

사유: 이미 거둔 쌀과 콩의 수효를 조사해서 보고하는 등의 일입니다.

[조선국왕] 올해 2월 8일에 받은 귀사(貴司)[61]의 자문에서, 「성지의 내용대로 부신에게 책임을 전담시켜 왜환을 경략하게 하는 일입니다. 운운(云云).」라고 하였습니다. 이를 받고 문서를 보내 호조(戶曹)로부터 장계를 받았습니다.

[호조] 거두어들인 산동의 쌀과 콩에 대해 만든 책을 조사해 보니, 「확실히 산동의 위관(委官) 주소조는 선호 동경춘 등 9명의 배 9척에 쌀 총 1,183석과 콩 507석을 실어 와서 만력 21년(1593) 6월 내에 본국의 독운사 이경함에게 주었습니다. 산동의 위관 주겸은 선호(船戶) 전상 등 12명의 배 총 12척에 쌀과 콩 모두 4,147석 2두를 실어 와서 (만력) 21년 9월 내에 본국의 위관 공조정랑 황여일에게 주었습니다. 금주의 위관 유진 등은 선호 이경선 등 10명의 10척에 쌀과 콩 모두 710석을 실어 와서 (만력) 21년 10월 내에 본국의 공조정랑 황여일에게 주었습니다. 기패 역경종은 선호 김지창이 실어온 쌀과 콩 600석을 (만력) 22년(1594) 3월 내에 본국의 위관 공조좌랑 이진에게 주었습니다. 금주의 선호 동상혜·백응규·마진충·동응화 4명은 4척에 쌀 총 806석을 실어 와서 (만력) 22년 3월

61) 원문에는 '貴國'으로 되어 있으나 문맥상 요동도지휘사의 자문을 지칭하는 것이고, 또 아래에 이어지는 내용도 그러하다. 따라서 귀국을 귀사로 고쳐서 번역했다.

내에 본국의 공조좌랑 이진에게 주었습니다. 또 조사해 보건대, 실제로 선호 김정호(金廷湖)는 쌀과 콩 560석을 싣고 가다가 표류하여 본국의 전라도 부안현의 비양도 땅에 이르렀는데, 본국의 수적(水賊) 최인례·정은복 등의 무리들에게 겁략을 당하여 운반하던 쌀을 모조리 빼앗겼는데 본도의 관찰사 이정암(李廷馣)이 정은복 등 12명을 붙잡아서 정확한 경위에 대한 공초를 받고 율에 의거하여 처치하였으며 추격해서 되찾은 것은 원래 실려 있던 좁쌀[小米] 45석과 찐 쌀 3석 뿐인데 이미 모두 창고에 넣어 두고 지시를 기다리는 중이며 되찾지 못한 쌀 512석에 대해서 적도들이 모두 불러 모은 해호(海戶)들인 탓에 이미 전형을 밝게 시행하였으며 그밖에는 친속이나 이웃이 없어서 자세히 조사해서 배상하겠습니다.」라는 내용이었습니다. 이미 아뢰어 (지시를) 받들어 공경히 뜻에 따라 준행하고 있습니다.

[조선국왕] 갖추어 올린 장계를 받고 당직이 살펴보건대, 관량배신(管粮陪臣) 이경함·황여일·이진이 5차례에 걸쳐 받은 쌀과 콩은 모두 수효대로 이미 옮겨 주었고, 조사해 보건대 흠결이 난 것은 없었습니다. 다만, 이경함·황여일·이진이 혹 부(府)나 현(縣)의 임소로 나아가거나 혹은 공무로 인한 것 외에도, 호조의 배신으로 하여금 각 사람이 거두어들인 쌀과 콩의 수효를 밝게 조사하고 인신을 찍은 실제로 거둔 수에 대한 동일한 양식의 문서 10통을 지급하게 하였습니다. 적도(賊徒) 정은복 등이 원래 약탈했던 좁쌀 512석은 각 적도들이 모두 중한 처분을 받았고, 또 추가로 조사할 친속이나 이웃이 없기에 본현 등으로 하여금 가을 추수가 이루어지기를 기다렸다가 잃어버린 수량대로 일일이 상창(上倉)에 배상하도록 전행(轉行)했습니다. 덧붙여 김정호 등은 소방(小邦)을 위해 군량을 옮기다가 겁략을 당하고 말았는데, 해도(海島)를 왕래하면서 조사를 받으며[62] 천신만고를 겪었다고 하니

정리상 적절히 처리해야 마땅하겠습니다. 이에 마땅히 자문으로 회답하오니, 청컨대 살펴서 전보해 주십시오. 자문이 잘 도착하기를 바랍니다.

이 자문을 요동도사군정첨서(겸)관둔도지휘사 장에게 보냅니다.

만력 23년 2월 16일.

62) 원문의 '査勘'은 문맥상 조사를 받으며 심문을 당한 뜻으로 이해하는 것이 타당하다.

13. 奉旨吊祭陣亡官軍
23b-27a(48~55쪽)

遼東都指揮使司,

爲 征倭陣亡官軍, 懇乞聖明, 就彼設壇, 以慰忠魂, 以激軍情 事.

本月十八日, 奉禮部箚付前事. 該本部題.

祠祭淸吏司案呈.

奉本部送.

禮科抄出.

巡按山東監察御史周題稱.

平壤·開城·碧蹄·王京陣亡及病故官軍, 乞要設壇四處, 每歲遼東都司, 春秋二季, 動支官銀, 備辦祭品, 遣官赴彼致祭.

等因.

奉聖旨.

禮部知道.

欽此. 欽遵.

抄出到部送司, 到部案呈.

看得，東征軍士，挺身絕域之表，畢命鋒鏑之下，委應愍祭，以慰幽魂. 旣經巡按御史目擊具題前來，合候命下，行令遼東都司，移文朝鮮國，將該國平壤·開城·碧蹄·王京地方，各設壇場一區，就遣本都司堂上官一員，前去致祭. 以後每年動支官銀，整辦香燭·猪羊·酒果，交付該國進貢官員，順帶致祭，不必年年遣官，以滋煩擾. 伏乞聖裁. 至于壇場名額，統望皇上欽定容臣等[63)]，翰林院撰祭文施行. 等因.

萬曆二十一年九月初八日，本部尙書兼翰林院學士羅等 具題. 初十日，奉聖旨.

是. 壇名與做愍忠.

欽此. 欽遵. 爲此，合就箚付遼東都司，照依本部題奉欽依內事理，欽遵施行. 等因.

案照，萬曆二十一年十一月內，先奉禮部箚付亦爲前事.

合箚該司，照依箚內及本部題奉欽依內事理，欽遵施行. 等因.

奉此. 除移文朝鮮國，於平壤·開城·碧蹄·王京等處，設立壇場，聽明致祭. 去後，今奉前因，行據斷事司，呈稱.

查議得，朝鮮國平壤·開城·碧蹄·王京四處，祭掃陣亡官軍，壇場·祭品等項. 每一場，用猪一口，値銀一兩，羊一羫，値銀四錢，饅頭五分，値銀三分，粉湯一分，値銀一分，果子五色，每色五斤，値銀四錢，按酒五盤，値銀五分，鳳鷄一隻，値銀三分，煠骨一塊·煠魚一尾，倶値銀五分，酥餠·酥定各四箇，値銀二分，雞湯一分，値銀一分，魚湯一分，値

63) 원문의 '容臣等'은 『事大文軌』 卷12, 萬曆二十三年二月十六日 回咨 기사의 내용을 참고해 볼 때 잘못 삽입된 것으로 보인다.

銀一分, 降眞香一炷, 値銀二分, 燭一對重一斤, 値銀一錢, 焚祝紙一百張, 値銀四分, 酒二瓶, 値銀二分. 每一壇, 用銀二兩一錢九分, 四壇, 共用銀八兩七錢六分, 每年二季, 通銀一十七兩五錢二分. 相應動用, 定遼左等二十五衛, 均徭銀兩買辦, 每衛該銀七錢八毫, 預先差人催完. 差官一員, 初祭一年, 以後將銀, 交付該國進貢陪臣官員, 順帶致祭, 永爲舊規. 緣由.

回報到司. 據此. 遵照近奉部箚, 查得, "本司僉書管屯都指揮使張, 已經差委踏丈地土僉書局捕都指揮僉事楊, 奉文防守城池, 查照壯丁, 本司缺官. 今遊擊陳前往朝鮮國公幹, 相應順帶致祭, 庶地方不致繁擾. 其應用祭品等物, 該銀八兩七錢六分, 此係新例, 無憑動支呈乞, 合無俯從, 將備倭馬價銀兩, 照數動給本官, 賫去該國, 買辦祭品等物. 致祭以後, 萬曆二十三年分, 春秋二季, 共該銀一十七兩五錢二分, 除行定遼左等二十五衛, 編入均徭册內, 照數動支送司, 給付該國進貢回還陪臣, 順帶致祭." 緣由. 具呈欽差總督薊遼保定等處軍務兼理粮餉經略備倭兵部左侍郎兼都察院右僉都御史孫處, 照詳. 蒙批, "如議動支. 繳." 蒙此. 擬合就行. 爲此, 合咨前去, 貴國煩爲查照咨文內事理, 卽將賫去官銀八兩七錢六分, 令該國官司, 買辦猪·羊祭品等物, 聽候領兵遊擊陳, 親詣各壇祭祀. 畢日, 希由回司, 以憑轉報施行. 須至咨者.

計開

一. 祭文

維萬曆某年某月某日

朕以狂夷僭悖屬國流離, 張我陸師, 用申玖伐. 爾諸官軍, 懷忠遠涉, 敵愾先登, 塗肝腦于蒿萊, 暴骸骨于原野. 黃沙白草, 難逃狐貉之餐. 苦雨凄風, 定有魖[64]䰰之泣. 遊魂夜半, 猶望還家. 厲鬼天涯, 不忘撲賊, 所司聞狀, 朕甚悲憐. 用揭愍忠之名, 特頒諭祭之典. 嗚呼. 長鯨未戮, 終當築京觀以彰威, 枯骨猶存, 尙及封崤尸而振旅. 凡諸靈爽, 寵佩休嘉.

一. 祭品

猪一口 · 羊一羫 · 饅頭五分 · 粉湯一分 · 果子五色(每色五斤) · 按酒五盤 · 鳳鷄一隻 · 煠骨一塊 · 煠魚一尾 · 酥餠酥定各四箇 · 雞湯一分 · (魚湯一分)[65] · 降眞香一炷 · 燭一對重一斤 · 焚祝紙一百張 · 酒二瓶.

右咨朝鮮國王.

萬曆二十二年十一月二十八日.

발신: 요동도지휘사사

사유: 왜적을 정벌하다가 전사한 관군을 위해 현장에 제단을 설치하여 충혼을 위로하고 군정을 격려해 달라고 황제께 간절히 비는 일입니다.

[요동도지휘사사] 이달 18일에 전사(前事)[66]에 대한 예부의 차부를 받들었습니다. 본부(本部)의 제본입니다.

---

64) '魖'은 䰰으로 되어 있으나, 글자를 찾을 수 없다.

65) 앞에는 나와 있으나 목록에서는 제외됐다.

66) 본 문서의 사안인 '征倭陣亡官軍懇乞聖明就彼設壇以慰忠魂以激軍情事'를 가리킨다.

[예부] 사제청리사(祠祭淸吏司)의 안정입니다.

[사제청리사] 본부가 (검토하라고) 보낸 문서는 다음과 같습니다.[67]

[예부] 예과(禮科)의 초출입니다.

[예과] 순안산동감찰어사 주(周)[68]의 제본은 다음과 같습니다.

[주유한] 평양·개성·벽제·왕경에서 전사하거나 병으로 죽은 관군(官軍)을 위해 4곳에 제단을 설치하고 매년 요동도사에서 봄과 가을, 두 계절에 관은을 내어 제품을 마련하고 관원을 파견하여 그곳에 가서 치제(致祭)하게 하십시오.

[예과] 성지를 받들었습니다.

[만력제] 예부에 알리도록 하라.

[예과] 이와 같이 공경히 받들어 삼가 준행해야 하겠습니다.

[예부] 초출이 부에 이르렀기에 사[69]로 보냈고 안정이 부에 도착했습니다.

[사제청리사] 살펴보건대, 동정한 군사들이 이역만리로 가서 적의 칼날과 화살에 의해 목숨이 다하였으니 실로 응당 불쌍히 여겨서 제사를 지내고 이로써 죽은 사람의 넋을 위로해야 할 것입니다. 이미 순안어사가 목격하고 제본으로 갖추어 보내왔으니 마땅히 명이 내려지기를 기다렸다가 요동도사에게 문서를 보내 조선국에 이문(移文)하도록 해서 그 나라의 평양·개성·벽제·왕경 지방에 각기 한 구역의 제단을 설치하고 곧바로 본 도사의 당상관 1원(員)을 파

67) '本部送'은 육부(六部)에서 속사(屬司)로 검토를 위해 문서를 보내는 행위를 이른다. 구범진, 『조선시대 외교문서』, 한국고전번역원, 2013, 135쪽. 여기서는 예부에서 속사인 사제청리사(祠祭淸吏司)에 자문을 검토하라고 보낸 것을 뜻한다.

68) 주유한(周維翰, ?~?)이다.

69) 사제청리사를 이른다.

견하여 가서 치제하게 해야 합니다. 이후에는 매년 관은을 내어 향촉(香燭)·돼지고기와 양고기·술과 과일을 장만하게 하고 그 나라의 진공(進貢)하는 관원에게 주어 가지고 가서 도중에 치제하게 한다면 해마다 관원을 파견하여 번잡하고 소란을 피울 필요가 없게 될 것입니다. 삼가 성상의 재결을 바랍니다. 제단의 이름과 편액에 이르러서는 오로지 황상(皇上)께서 흠정(欽定)하시고 한림원(翰林院)의 신하들로 하여금 제문을 짓도록 허용해 주십시오.

[예부] 만력 21년(1593) 9월 8일, 본부의 상서(尙書)로 한림원학사(翰林院學士)를 겸한 나(羅)[70] 등이 제본(題本)을 갖추어 올렸습니다. 10일에 성지를 받들었습니다.

[만력제] 그리하라. 제단의 이름은 민충으로 하라.

[예부] 이와 같이 공경히 받들어 삼가 준행해야 하겠습니다. 이에 마땅히 곧바로 요동도사에 차부를 내려서, 본부가 제본으로 공경히 받든 성지의 사리에 의거하여 살펴서 공경히 준행하기 바랍니다.

[요동도지휘사사] 이전에 처리한 문서를 살펴보건대, 만력 21년(1593) 11월에 앞서 받은 예부의 차부도 전사[71]에 대한 것이었습니다.

[예부] 마땅히 해사에 차부를 보내니, 차부의 내용과 본부에서 제본을 올려 받든 성지의 사리에 의거하여 살펴서 공경히 준행하십시오.

[요동도지휘사사] 이를 받들고 조선국에 이문하여 평양·개성·벽제·왕경 등처에 제단을 설치하고 밝게 따라서 치제하게 하였습니다. 이렇게 조치한 후 지금 보내온 자문을 받들어 문서를 보내 단사사[72]로부터 정(呈)을 받았습

70) 예부상서 나만화(羅萬化, 1536~1594)이다.

71) 본 문서의 사안인 '征倭陣亡官軍懇乞聖明就彼設壇以慰忠魂以激軍情事'를 가리킨다.

72) 단사사는 명대 관서의 명칭이다. 오군도독부에 속했으며 홍무 23년(1390)에 정5품으로 올리고 오군의 刑獄을 總治하게 했다. 또 五斷事司를 설치했다. 건문 연간에 혁파된 것으로 알려졌지만 이후에도 관련한

니다.

[단사사] 조선국의 평양·개성·벽제·왕경 4곳에서 전사한 관군에게 성묘[祭掃]할 때 제단과 제품 등의 항목들에 관하여 조사하여 의논한 결과는 다음과 같습니다. 각 처소에는 돼지 1마리에 은 1냥, 양의 갈빗대 1개에 은 4전, 만두 5분에 은 3푼, 분탕 1분에 은 1푼, 오색과자는 색마다 5근씩 4전, 안주 5반에 은 5푼, 봉계(鳳鷄) 1마리에 은 3푼, 잡뼈 1덩이와 잡어 1마리에 총 은 5푼, 수병(酥餅)과 수정(酥定) 각 4개씩 은 2푼, 계탕(雞湯) 1분에 은 1푼, 어탕(魚湯) 1분에 은 1푼, 강진향(降眞香) 1개에 은 2푼, 1근 무게의 초[燭] 1쌍에 은 1전, 분축지(焚祝紙) 100장에 은 4푼, 술 2병에 은 2푼이 소요됩니다. 제단마다 은 2냥 1전 9푼이 쓰여 네 제단에 모두 은 8냥 7전 6푼이 소요되기에 매년 두 계절에 쓸 은량은 통틀어 17냥 5전 2푼입니다. 마땅히 정료좌위(定遼左衛) 등 25위에서 균등하게 은량을 내어 마련하게 하면, 위(衛)마다 은 7전 8미가 되니 미리 차인을 보내어 재촉해 준비하게 해야 할 것입니다. 차관 1원은 처음 제사지내는 1년에만 보내고, 이후에는 이 은을 그 나라의 진공하러 온 배신관원에게 주어 가지고 돌아가는 도중에 치제하게 하는 것을 영원한 구규(舊規)로 삼아야 합니다.

[요동도지휘사사] 단사사의 회보가 사에 도착했습니다. 이를 받고 최근에 부(예부)로부터 받은 차부를 살펴 준행하고자 조사하여, 「본사의 첨서관둔도지휘사 장(張)이 이미 답장지토첨서국포도지휘첨사(踏丈地土僉書局捕都指揮僉事) 양(楊)을 뽑아서 문서를 받들고 가서 성지(城池)를 방수하고, 장정(壯丁)을 조사하도록 위임했으므로 본사에는 관원이 부족합니다. 지금 유격 진(陳)[73]이 공무로 조선국에 가 있으니 마땅히 치제하는 일도 함께 담당하게

직함이 나오는 것으로 보아 겸직으로 운영되었던 것 같다.

한다면 아마도 지방은 소요하는 데 이르지 않을 것입니다. 마땅히 써야 할 제품 등의 물건과 관련해서는 은 8냥 7전 6푼으로 새로운 규례라서 지출 근거가 없다고 (단사사에서) 정문으로 진정했으니 응낙하시고 왜마가(倭馬價)로 마련한 은량을 바꾸어 수효대로 본관에게 옮겨 지급해 그 나라로 가져가게 해서 제품 등의 물건을 구매하게 하는 것이 어떨까 합니다. 치제한 뒤, 만력 23년분의 봄과 가을 두 계절의 쓰일 은 총 17냥 5전 2푼은 정료좌위 등 25위에서 두루 균등하게 거두어서 수효대로 비용을 내어 본사로 보내면 진공하고 돌아가는 그 나라의 배신에게 내주어 가지고 돌아가는 길에 치제하게 하십시오.」라는 연유를 갖추어 흠차총독계료보정등처군무겸리양향경략비왜병부좌시랑겸도찰원우첨도어사 손(광)에게 정을 올려 자세히 살펴 주시기를 요청했습니다. 「의논한대로 지급하십시오. 사안이 처리되면 격보하십시오.」라는 비(批)를 받았습니다. 이를 받들고 헤아려 보건대 곧바로 시행해야 마땅하겠습니다. 이에 마땅히 자문을 보내니, 귀국은 번거롭더라도 자문 안의 사리를 살펴서 즉시 재거관(齎去官)이 가져간 은 8냥 7전 6푼으로 해국 관사에서 돼지와 양 등의 제품들을 사들여서 영병유격(領兵遊擊) 진(운홍)이 직접 각 제단에 가서 제사하기를 기다리십시오. 완료하는 날에는 바라건대 본사로 회답하여 이에 근거하여 전보할 수 있도록 해 주십시오. 자문이 잘 도착하기를 바랍니다.

별첨 목록

하나. 제문(祭文)

전사한 관군을 위로하는 제문[74]

---

73) 진운홍(陳雲鴻, ?~?)을 이른다.

74) '陣亡官軍祭文'이라는 본 문서의 두주(頭註)를 따랐다.

짐은 미친 오랑캐들이 참람되게 날뛰어 속국(屬國)이 무너져 흩어지기에, 나의 육사(六師)를 펼쳐서 구벌(九伐)을 행하였노라. 너희 여러 관군은 충심을 품고서 먼 곳으로 건너가 적개심을 안고 먼저 올랐으나 풀숲에 간과 뇌를 쏟았고, 해골은 너른 들판에 나뒹굴고 있다. 풀 한 포기 나지 않는 누런 모래 속에서 여우와 담비의 먹이가 되는 것을 면치 못하였다. 궂은비와 슬픈 바람은 필시 족제비와 날다람쥐의 울음이리라. 밤중에 떠도는 혼은 아직도 집으로 돌아가기를 바라는구나. 먼 변방의 여귀(厲鬼)가 되었어도 적을 박살나기를 잊지 못하니, 관련 관서의 보고를 듣고 짐은 몹시 비통하고 슬프도다. 이에 민충이라는 이름을 내걸어 특별히 유제(諭祭)의 전범을 반포하노라. 오호! 큰 고래가 아직 도륙되지 않았지만, 끝내 경관(京觀)을 쌓아서 위엄을 떨치려 하니, 마른 뼈라도 오히려 남아 적의 시체로 산을 쌓게 되도록 하고 돌아오라. 무릇 여러 영상(靈爽)들에게 총패(寵佩)가 아름답게 펼쳐지리.

하나. 제품
돼지 1마리·양의 갈빗대 1개·만두 5분·분탕 1분·오색과자(색마다 5근씩)·안주 5반·봉계 1마리·잡뼈 1덩이와 잡어 1마리·수병과 수정 각 4개씩·계탕 1분·(어탕 1분)·강진향 1개·1근 무게의 초 1쌍·분축지 100장·술 2병.

이 자문을 조선국왕에게 보냅니다.

만력 22년 11월 28일.

14. 回咨

27a-29b(55~60쪽)

朝鮮國王,

准來咨, 該爲 征倭陣亡官軍, 懇乞聖明, 就彼設壇, 以慰忠魂等 事. 云云. 等因.

准此. 查照, 先該萬曆二十一年閏十一月內, 准貴司咨前事.

　奉禮部箚付. 該本部題.

　　祠祭淸吏司案呈.

　　　奉本部送.

　　　　禮科抄出.

　　　　　巡按山東監察御史周維翰題. 節該.

　　　　　　今照平壤·開城·碧蹄·王京陣亡及病故官軍, 骨委溝壑, 膏塗草野, 抱泣幽泉, 含悲異域, 暗雨凄風, 誰爲洒一麥飯乎. 合無于平壤·開城·碧蹄·王京設壇四處, 每歲遼東都司, 春秋二季動支官銀, 整辦香燭·猪羊·酒果, 遣官赴彼致祭. 其所建壇場. 乞特賜嘉名. 等因.

奉聖旨.

禮部知道.

欽此. 欽遵.

抄出到部送司, 到部案呈.

看得, 東征將士, 挺身絕域, 畢命鋒鋩, 委應愍祭, 以慰忠魂[75]. 旣經巡按御史目擊具題, 合候命下, 行令遼東都司, 移文朝鮮國, 將平壤·開城·碧蹄·王京地方, 各設壇場一區, 就遣本司堂上官一員, 前去致祭. 以後每年動支官銀, 整辦香燭·猪羊·酒果, 交付該國進貢官員致祭, 不必年年遣官. 至于壇場名額, 統望皇上欽定. 等因.

本部尙書羅等 題. 奉聖旨.

是. 壇名與做愍忠.

欽此. 欽遵. 爲此, 合箚該司, 照依箚內及本部題奉欽依內事理, 欽遵施行. 等因.

奉此. 合咨前去, 貴國煩請選委官員, 將平壤·開城·碧蹄·王京四處廝殺地方, 各設壇場一區, 仍做愍忠牌枋於壇門之南, 設牌位四面上書, 大明征東陣亡官軍之位拾字. 仍將設過壇所, 希由回復, 以憑轉報施行. 等因.

准此. 已經行令禮曹選差委官於京城·碧蹄·開城·平壤四處地面, 查依咨內開列事理, 設築壇場, 以候貴司親祭. 去後, 今該前因, 爲照, 上國官軍, 以小邦故效忠行陣, 損軀海外. 當職, 傷之寢食不安. 已於萬曆二十一年二月內, 差陪臣禮曹參判成守益, 前年平壤廝殺地面, 齎文設祭, 以

75) 앞 13번 문서에서는 이 부분의 '忠魂'을 '幽魂'이라고 하였다.

慰忠魂. 仍照平壤等處, 合有定設壇場, 及春秋該用祭品, 以寓永久不忘之意, 而顧緣賊在門庭, 祀典靡遑, 擧國含嗟. 欽蒙聖上, 惻然動念, 旣賜名壇場, 又准每歲春秋發銀致祭. 當職益戴仁恩, 感涕交零. 除將遊擊陳, 賫交銀八兩七錢六分, 轉令京城·碧蹄·開城·平壤該管陪臣, 查依咨內開列祭品數目, 十分精辦, 毋致欠缺, 仍欽寫諭祭之文, 聽候領兵遊擊陳, 親詣各壇祭祀外, 爲此, 合行回咨, 請照驗轉報施行. 須至咨者.

右咨遼東都指揮使司.

萬曆二十三年二月十六日.

발신: 조선국왕

사유: 보내온 자문을 받으니, 「왜적을 정벌하다가 전사한 관군을 위해 현장에 제단을 설치하여 충혼을 위로해 달라고 황제께 간절히 비는 일입니다. 운운」 했습니다.

[조선국왕] 이를 받고 살펴보건대 앞서 만력 21년 윤11월 내에 전사(前事)[76]에 대한 귀사(貴司)의 자문을 받았습니다.

[요동도지휘사사] 예부(禮部)의 차부(箚付)를 받았습니다. 본부(本部)의 제본입니다.

[예부] 사제청리사(祠祭淸吏司)의 안정(案呈)입니다.

[사제청리사] 본부에서 (검토하라고) 보낸 문서입니다.

76) 앞 13번 문서의 사안인 '征倭陣亡官軍懇乞聖明就彼設壇以慰忠魂以激軍情事'를 가리킨다.

[예부] 예과로부터 초출(抄出)한 내용입니다.

[예과] 순안산동감찰어사(巡按山東監察御史) 주유한(周維翰)이 올린 제본입니다. 대략 다음과 같은 내용입니다.

[주유한] 이제 평양(平壤)·개성(開城)·벽제(碧蹄)·왕경(王京)에서 전사하거나 병으로 죽은 관군(官軍)의 뼈가 구덩이에 버려지고, 고육(膏肉)은 들판의 흙이 되어 유천(幽泉)에서 울부짖고 이역(異域)에서 원통해 하는데, 어둡고 스산한 비바람 속에 그 누가 보리밥 한 덩이나마 던져 주겠습니까. 마땅히 평양·개성·벽제·왕경의 4곳에 제단을 설치하고 매년 요동도사(遼東都司)에서 봄과 가을, 두 계절에 관은(官銀)을 내어 향촉(香燭)·돼지고기와 양고기·술과 과일을 장만하게 하고 관원을 파견하여 그곳에 가서 치제(致祭)하게 하는 것이 어떨까 합니다. 그 건립한 제단에는 바라건대 특별히 좋은 이름을 내려주소서.

[예과] 이에 대한 성지(聖旨)를 받들었습니다.

[만력제] 예부(禮部)에 알리도록 하라.

[예과] 이와 같이 공경히 받들어 삼가 준행해야 하겠습니다.

[예부] 초출이 부에 이르렀기에 사(司)[77]로 보냈고 안정이 부에 도착했습니다.

[사제청리사] 살펴보건대, 동정(東征)한 군사들이 이역만리로 가서 적의 칼날과 화살에 의해 목숨이 다하였으니 실로 마땅히 불쌍히 여겨 제사를 지내고 이로써 충성스러운 넋을 위로해야 할 것입니다. 이미 순안어사가 목격하고 제본으로 갖추었으니 마땅히 명이 내려지기를

77) 사제청리사를 이른다.

기다렸다가 요동도사(遼東都司)에게 문서를 보내 조선국에 이문하여 평양·개성·벽제·왕경 지방에서 각기 한 구역에 제단을 설치하고 바로 본 도사의 당상관 1원을 파견하여 가서 치제하게 해야 합니다. 이후에는 매년 관은을 내어 향촉·돼지와 양고기·술과 과일을 장만하게 하고 그 나라의 진공하는 관원에게 주어 치제하게 한다면 해마다 관원을 파견할 필요가 없을 것입니다. 제단의 이름과 편액에 이르러서는 오직 황상께서 흠정해 주시기 바랍니다.

[예부] 본부 상서 나(羅) 등이 제본(題本)을 갖추어 올렸습니다. 성지(聖旨)를 받들었습니다.

[만력제] 그리하라. 제단의 이름은 민충(愍忠)으로 하라.

[예부] 이와 같이 공경히 받들어 삼가 준행해야 하겠습니다. 이에 마땅히 해사(該司)에 차(箚)를 보내니, 차의 내용과 본부에서 제본을 올려 공경히 받든 성지의 사리를 살피고 의거하여 공경히 준행하십시오.

[요동도지휘사사] 이를 받들어 마땅히 자문을 보내오니, 번거롭더라도 귀국(貴國)은 관원을 선발해서 위임시켜 평양(平壤)·개성(開城)·벽제(碧蹄)·왕경(王京) 4곳의 사상자가 발생한 지역에서 재단을 각각 한 구역에 설치하고 이어서 제단의 문 남쪽에 민충(愍忠)이라는 패를 걸어두고 패위(牌位)를 설치하여 4면 위에 "대명정동진망관군지위"라는 열 글자[78]를 써두게 하십시오. 덧붙여 제단을 설치한 장소에 관해서는 바라건대 다시 회답해주시어 이를 근거로 전보(轉報)할 수 있도록 해주십시오.

[조선국왕] 이를 받고, 이미 예조에 문서를 보내 위관(委官)을 선발해 경성·벽제·개성·평양 4군데에 자문에서 열거한 사리를 살펴 제단을 설치하고 귀사에서 친제(親祭)하기를 기다리게 했습니다. 이렇게 조치한 후 지금 보내온

78) 원문의 '십자(拾字)'는 '十字'와 같다. 즉, 패위(牌位)의 사면에 해당 열 글자를 쓰라는 의미이다.

자문을 살펴보니 생각하건대 상국(上國)의 관군이 소방(小邦) 때문에 충성스럽게 종군하여 해외(海外)에서 죽었습니다. 당직(當職)은 잠과 음식을 꺼리며 편안하지 못했습니다. 이미 만력 21년(1593) 2월, 배신 예조참판(禮曹參判) 성수익(成守益)을 파견하여 지난해 평양에서 적을 격파한 곳으로 문서를 가지고 가서 제사를 지내어 충혼을 위로하게 했었습니다. 그리고 평양 등처를 살펴서 제단을 설치하기에 합당한 곳을 정하게 했고 봄과 가을에 쓸 제품들은 오래도록 잊지 못하는 마음을 담도록 했으나 돌이켜 보건대 적(賊)이 문정(門庭)에 있어 제사를 제대로 지낼 수 없어 온 나라가 탄식하던 터였습니다. 공경히 성상(聖上)께서 측연히 여기시어 마음 써서 제단의 이름까지 내려주심을 입었고, 또 매년 봄과 가을에 은을 내어 치제하도록 허락하셨습니다. 당직은 더욱 큰 인자한 은혜를 이고서 감격하여 눈물을 흘렸습니다. 유격 진(운홍)이 가지고 와서 내준 은 8냥 7전 6푼을 경성(京城)·벽제·개성·평양의 관할하는 배신들에게 전해주고, 자문 안에 열거된 제품의 수목을 조사하여 십분 정밀하게 마련하여 흠결이 없도록 하고 이어서 유제문(諭祭文)을 공경히 베껴 영병유격 진(운홍)이 제단에 몸소 이르러 제사하기를 기다리는 것 외에도, 이에 마땅히 자문으로 회답하오니 청컨대 살펴서 전보(轉報)해주십시오. 자문이 잘 도착하기를 바랍니다.

이 자문을 요동도지휘사사에 보냅니다.

만력 23년 2월 16일.

15. 陳遊擊往諭釜山倭賊回巢

29b-30b(60~62쪽)

欽差京營坐營管遊擊將軍事都指揮陳,

爲 仰承明旨, 再陳未盡事宜, 以定東封 事.

照得, 本職於萬曆二十二年十一月初六日, 欽奉明旨, 前往釜山, 諭令行長回巢, 量留倭衆, 以迎封使. 已經兵部移咨本國外, 於本年十二月十一日, 至平壤地方, 差委贊畫兪大武, 賫檄·牌, 星夜馳入倭營. 追同鎭撫官沈嘉旺·葉芳等, 先諭行長, 令其退兵回巢. 去後, 至今年正月初三日, 住札居昌縣. 兪大武回稱.

職於去年十二月二十五日, 面諭行長, 示以國恩, 令其退歸日本, 量留倭衆, 以候天使. 行長恭順擧手加額, 卽於次日, 具不違依. 准三本, 一呈兵部石, 一呈經略軍門孫, 一復本職, 內稱.

十二月二十五日, 蒙差兪贊畫, 宣諭聖旨, 捧誦檄文, 荷蒙天朝給封聖恩. 浩蕩老爺俯就仁慈, 使小邦人民生還故土, 不勝頂戴. 兪贊畫去後, 卽撤兵回國, 量留舩衆, 候迎天使. 伏乞作主轉奏, 速俾天使入營, 則非啻日本大幸, 實朝鮮大幸也. 今具遵依回文, 付兪贊畫持上. 等因.

到職. 據此. 看得, 行長恭順, 旣出至誠, 倭衆思歸, 亦其本意. 今感天恩, 卽出遵依, 豈爲無據. 除本職隨進倭營親行宣諭外, 合行移咨, 貴國雖防禦之事, 不可遽弛, 而反側之衆, 似可少安. 煩爲查照施行, 須至咨者.

右咨朝鮮國王.

萬曆二十三年正月初九日.

발신: 흠차경영좌영관유격장군사도지휘 진(운홍).

사유: 명지를 받들고 다시 미진한 일들을 개진함으로써 동봉을 안정시키는 일입니다.

[진운홍] 살펴보건대, 저는 만력 22년 11월 6일에 명지를 공경히 받들고 부산(釜山)에 가서, 유키나가[79]에게 유시하여 즉각 소굴[80]로 돌아가고 적절하게 헤아려 남게 한 왜인들이 봉사(封使)를 영접하게 했습니다. 이미 병부에서 본국에 자문을 보낸 것 외에도, 본년 12월 11일 평양 일대에 이르러 찬획 유대무(兪大武)를 파견하여 격문과 패문을 가지고 날을 새워 가서 왜적의 진영에 들어가게 했습니다. 이어서 진무관(鎭撫官) 심가왕(沈嘉旺)·섭방(葉芳)을 함께 보내어 유키나가에게 군사를 물리고 소굴로 돌아가라고 먼저 유시하게 했습니다. 그 뒤로 금년 1월 3일까지 거창현에 머물고 있습니다.

79) 원문에는 '行長'으로 기재되어 있다.

80) 여기서 말하는 '소굴[巢]'은 바로 일본을 의미한다. 소굴로 돌아가라는 것은 조선의 경내에서 완전히 철수하라는 의미이다.

유대무가 회보하였습니다.

[유대무] 저는 지난해 12월 25일 유키나가에게 직접 유시하여 국은(國恩)을 보이고 그로 하여금 일본으로 물러가게 하고 왜적 무리를 적절히 남겨두어 천사를 기다리게 하였습니다. 그러자 유키나가가 공순한 자세로 손을 들어 이마에 대고, 다음날 즉각 지시한 대로 모두 따르고 어기지 않겠다고 하였습니다. 받은 세 통의 편지는 하나가 병부(상서) 석성에게 진정한 것이고, 하나가 경략군문 손광에게 진정한 것이며, 하나가 제게 회답한 것인데 내용은 다음과 같았습니다.

[고니시 유키나가] 12월 25일에 파견되어 오신 유(兪) 찬획이 성지(聖旨)로 널리 유시하여 받들고 온 격문을 읽어주었으니 천조의 책봉해 주심을 곡진하게 입었습니다. 호탕한 노야의 인자하심으로 소방[81]의 인민들로 하여금 고국 땅으로 살아서 돌아가게 하셨으니 감사함을 이길 수 없습니다. 유 찬획이 돌아간 뒤에 즉시 군사를 철수시켜 본국으로 돌려보내고 적절하게 헤아려 배에 남게 한 무리가 천사를 기다리며 영접하도록 하겠습니다. 삼가 바라건대, 직접 전주하여 천사로 하여금 속히 영중에 들어오게 하신다면 비단 일본의 큰 다행일 뿐만 아니라 실로 조선의 큰 다행이기도 할 것입니다. 지금 지시하신대로 회답을 갖추어 올려 유(兪) 찬획에게 주어 가지고 올라가게 하였습니다.

[진운홍] 이 같은 내용이 제게 도착했기에 이를 받고 살펴보건대, 유키나가의 공순함은 지극한 정성에서 나왔으니 왜적들이 돌아갈 생각을 한다는 것도 그 본뜻일 것입니다. 지금 천은에 감동한 것도 곧 지시한 것을 따르는 데서 나온 것이니 어찌 근거할 바가 없다 하겠습니까. 본직이 왜영에 들어가서 직접 선유한 것 외에도, 마땅히 자문을 보내오니 귀국은 비록 방어하는 일은

81) 여기서 소방은 일본을 의미한다.

갑자기 해이하게 할 수 없겠으나 두 마음을 품었다는 무리들에 대해서는 약간이나마 안심해도 될 것 같습니다. 번거롭더라도 살펴 주십시오. 자문이 잘 도착하기를 바랍니다.

이 자문을 조선국왕에게 보냅니다.

만력 23년 1월 9일.

16. 回咨

30b-33b(62~68쪽)

朝鮮國王,

爲 查報倭情 事.

本年二月十九日, 准欽差京營坐營管遊擊將軍事都指揮陳咨. 照得, 本職於萬曆二十二年十一月初六日, 欽奉明旨, 前往釜山, 諭令行長回巢. 云云. 等因. 准此. 本日又准本府咨, 照得.

本職欽奉明旨於本月十二日, 同經略軍門委官駱一龍, 帶領朝鮮陪臣李時發, 通事李海隆·張春悅, 倭通事李彥瑞等, 進入倭營. 親諭行長, 示以禍福, 諭以國恩, 行長俛首聽命. 隨於十九日, 請本職督發倭舡回巢者三十六號. 據稱浦浦同日俱發. 二十一日, 行長親賫回文三本. 一呈兵部石, 一呈經略孫, 一復本職, 內稱.

左道浦浦倭兵退歸者七千, 右道浦浦倭兵退歸者八千, 計一萬五千名也. 量留以候天使者, 不過行長幕下殘士, 幷護粮守舡之衆. 等因.

到職. 當備夫馬·船隻親送本職出營, 又懇伏望天使早到, 俾某等早回日本等語. 據此. 看得, 行長一聞本職宣諭, 卽發倭衆回巢, 待封之後,萬無他意. 且本國陪臣李時發等, 目擊耳聞, 不爲不眞. 合行移咨, 煩請査照施行. 等因.

准此. 査照, 先該本年正月二十七日, 准貴部咨. 節該.

今特專官傳檄, 該國君臣, 仰體聖明字小之仁, 責差的當陪臣, 前往釜山, 親會行長, 諭以天朝恩威, 使彼釜倭盡歸, 柵房燒毁之後, 據實奏報, 以便册使往封. 等因.

准此. 已經選差陪臣朴振宗, 跟同貴部委官婁國安, 前往倭營, 再審動靜去訖. 續該本月初二日, 據本部伺候陪臣李時發狀啓.

臣敬蒙差委跟隨本府, 於本年正月十三日, 進入熊川平行長營裡, 留五箇日. 廳得行長·玄蘇等並說, 俺等切要早歸對馬, 等待天使, 但念從前喫哄甚多, 必須在此等待. 若聞天使來到王京·南原等處, 俺等不必報稟關白, 當卽捲衆過海. 有本府備將天朝許封德意, 再三宣諭行長, 卽撥大小海船三十餘隻, 各建旗號列泊港口, 說稱, 都是撤歸兵舩. 十八日蒙本府令, 臣帶同通事李海隆, 先回密陽等處, 整點夫馬待候, 本日離出賊營. 二十日還到楡川站. 等因.

又該本月初九日, 據本官狀啓.

本月初五日, 臣跟同本府, 回到公州, 途上適遇兵部差官婁國安, 賫捧本府牌箚來到. 本府卽差管下指揮金文鳳, 賫捧所據牌箚陸張及下平行長開諭帖一紙, 追同本官進往熊川賊營. 等因.

又該本月初十日, 據議政府狀啓.

該遊府跟隨通事張春悅, 呈稱.

本年正月十三日, 卑職跟隨本府, 進入熊川賊營留, 至十九日約午時分, 有賊酋行長, 令伊不知名小酋, 邀本府及駱守備, 同往港口, 樓上點發撤回倭舡. 卑職跟往看覰, 有倭舡大小共三十六隻, 一齊放砲, 擧帆向東行使. 等因.

備呈.

具啓. 據此. 行間, 今該前因, 竊照, 前項婁國安·金文鳳等, 旣已前往倭營, 再審動靜, 擬候各官回話, 另行飛報外, 所有遊擊將軍陳咨內事理, 委係緊關聲息. 爲此, 合行移咨, 請照驗轉奏區處施行. 須至咨者.

右咨兵部.

萬曆二十三年二月二十六日.

발신: 조선국왕

사유: 왜정을 조사하여 보고하는 일입니다.

[조선국왕] 본년 2월 19일, 흠차경영좌영관유격장군사도지휘진(陳)의 자문을 받았습니다. 살펴보건대, 「저는 만력 22년 11월 6일에 명지를 공경히 받들어 부산에 가서 유시하고 유키나가로 하여금 소굴로 돌아가도록 했습니다. 운운」라고 하였습니다. 이를 받고 같은 날 또 본부의 자문을 받고 살펴보았습니다.

[진운홍] 저는 명지를 공경히 받들어 이달 12일에 경략군문의 위관 낙일룡(駱一龍)과 함께 조선의 배신 이시발(李時發), 통사 이해룡(李海隆)·장춘열(張春悅), 왜통사(倭通事) 이언서(李彥瑞)를 대동하고 왜영(倭營)으로 들어갔습니다. 직접 유키나가[82]에게 유시하여 화(禍)와 복(福)을 보이고

국가의 은혜를 들어 타일렀더니 유키나가는 고개를 숙이고 명을 들었습니다. 이어서 19일에는 저에게 소굴로 돌아가는 왜선 36척을 독려해 달라고 청했습니다. 그의 말에 의거하면 각 포구에서 같은 날 일제히 출발한다고 하였습니다. 21일에는 유키나가가 직접 회답 3본을 가지고 왔습니다. 하나의 정문은 병부의 석(성), 하나의 정문은 경략 손(광)에게 보낸 것이고 하나는 제게 답장한 것이었는데, 내용은 다음과 같았습니다.

[고니시 유키나가] 좌도의 각 포구에서 물러가는 왜병이 7,000명, 우도의 각 포구에서 물러가는 왜병이 8,000명으로 총 1만 5,000명입니다. 천사(天使)를 기다리기 위해 적절히 헤아려 남게 한 자는 유키나가 막하의 몇 안 되는 군사와 군량·선박을 지키는 무리 정도에 불과합니다.

[진운홍] 제게 도착했습니다. 바로 부마(夫馬)와 선척(船隻)을 준비하여 저를 진영 밖으로 직접 내보내 주면서, 또 천사가 가급적 빨리 도착해서 "비천한 저희[卑某]'들이 조속히 일본으로 돌아가게 해 주기를 간절히 바랍니다."라고 하였습니다. 이를 받고 살펴보니, 유키나가가 제가 선유한다는 말을 듣자마자 즉시 왜적 무리들을 소굴로 돌려보낸 만큼 책봉을 받은 뒤에는 다른 뜻이 있을 리 만무합니다. 또한 본국의 배신 이시발 등도 눈으로 보고 귀로 들은 것이니 진실이 아닐 수 없습니다. 마땅히 자문을 보내니, 번거롭더라도 살펴 주십시오.

[조선국왕] 이를 받고 조사해 보건대 앞서 본년 1월 27일 귀부로부터 자문을 받았습니다. 대략 다음의 내용이었습니다.

[병부] 지금 특별히 전담할 관원으로 하여금 해국의 군신에게 격문을 전하게 해서 성명의 자소지인(字小之仁)을 본받게 하고 적당한 배신에게 책임을 맡겨 부산에 파견하여 유키나가와 직접 회동하여 천조의 은혜와 위엄

82) 원문에는 '行長'으로 기재되어 있다.

을 유시하고 그로 하여금 부산의 왜적을 모두 돌려보내고 성책과 가옥을 불사른 뒤에 사실대로 주보하여 책봉사가 가서 책봉하기에 편리하도록 해야 합니다.

[조선국왕] 이를 받고 이미 배신 박진종을 선발하여 귀부의 위관인 누국안(婁國安)을 쫓아 왜적 진영에 가서 재차 동정을 살펴보기를 완료했습니다. 이어서 이달 2일에 본부의 사후배신 이시발이 올린 장계를 받았습니다.[83]

[이시발] 신이 삼가 선발되어 본부를 쫓아서 본년 정월 13일에 웅천에 있는 다이라노 유키나가[84]의 진영 안으로 들어가 5일을 머물렀습니다. 유키나가와 겐소[85]가 함께 말하기를, "우리들은 조속히 대마도로 돌아가 천사를 기다리고자 합니다만 생각해 보건대 종전에 공갈이 심히 많았기 때문에 반드시 이곳에서 기다려야 합니다. 만약 천사가 왕경·남원(南原) 등처에 도착했다는 소식이 들리면 우리들은 꼭 관백에게 보고할 것 없이 곧장 무리를 거두어 바다를 건널 것입니다."라고 하였습니다. 본부에서 천조가 책봉을 허락한 덕의(德意)로 유키나가에게 두 번, 세 번 선유하고 즉각 크고 작은 선박 30여 척을 내어 각기 기호(旗號)를 내걸어 항구에 열을 지어 정박하게 하고 "모든 병선을 철수시켜 돌려보내라."라고 하였습니다. 18일 본부의 명을 받아 신은 통사 이해룡을 대동하고 먼저 밀양 등처로 돌아와 마부와 말을 점검하고 기다리고자 그날 적의 진영에서 따로 나왔습니다. 20일에는 유천참(楡川站)[86]으로 돌아왔습니다.

[조선국왕] 또 같은 달 9일에 본관(이시발)의 장계를 받았습니다.

[이시발] 이달 5일 신이 본부와 함께 공주로 돌아오던 중에 본부의 패차

83) 해당 기사는 『선조실록』에 실려 있다. 『宣祖實錄』 卷60, 宣祖 28年 2月 乙巳(2日).

84) 원문에는 '平行長'으로 기재되어 있다.

85) 원문에는 '玄蘇'로 기재되어 있다.

86) 당시 밀양부에 속했다. 조방장 정희연과 김태허의 부대가 주둔하고 있었다. 뒤의 20번 문서에 보인다.

(牌箚)를 가지고 도착한 병부차관 누국안을 노상에서 우연히 만났습니다. 본부가 즉시 관하의 지휘 김문봉(金文鳳)을 차출하여 앞서 언급한 패차 6장과 고니시 유키나가에게 내리는 개유첩 1장을 가지고 본관을 따라서 함께 웅천의 적 진영에 나아가도록 하였습니다.

[조선국왕] 또 같은 달 10일, 의정부의 장계를 받았습니다.

[의정부] 유격부를 좇아간 통사 장춘열이 올린 정문입니다.

[장춘열] 올해 정월 13일, 제가 본부를 좇아서 웅천의 적 진영에 들어가 머물렀는데 19일 오시쯤 적의 추장 유키나가가 그의 이름 모를 휘하의 작은 추장으로 하여금 본부와 낙(駱) 수비를 맞이하게 하고 함께 항구로 가서 누각 위에서 철수해 돌아가는 왜선들을 점검하였습니다. 저도 좇아가서 엿보았는데 크고 작은 왜선 총 36척이 일제히 포를 놓고 돛을 펴서 동쪽으로 향해서 나아갔습니다.

[의정부] 정문을 갖춥니다.

[조선국왕] 갖추어 온 장계를 받고서 사안을 처리하는 동안 이번에 위의 자문을 받고 가만히 살펴보니 전항의 누국안·김문봉이 이미 왜적의 진영에 가서 다시 동정을 살피니 각 관원들이 돌아와 말하기를 기다렸다가 별도로 비보하는 것 외에도, 유격장군 진의 자문 내용의 사리는 실로 긴급한 성식에 관련된 바입니다. 이에 마땅히 자문을 보내오니 청컨대 살펴서 대신 상주하여 처리해 주시기 바랍니다. 이 자문이 잘 도착하기를 바랍니다.

이 자문을 병부에 보냅니다.

만력 23년 2월 26일.

17. 都司咨會本國治粮耕種
33b-34a(68~69쪽)

遼東都指揮使司,

爲 緊急賊情 事.

蒙欽差總督保定等處軍務兼理粮餉經略禦倭兵部左侍郎兼都察院右僉都御史孫批, 據本司呈, 前事. 蒙批, "浙兵卽當調發. 但粮餉則路遠輓運不便, 前已屢次行文該國, 查見粮多少, 尙未回報. 仰行先具五千兵馬粮餉, 卽今倭方待封, 决無更動. 仍行該國各屬肥饒地土, 及此農時, 徧行播種, 以備供給兵費, 毋致後時. 此繳." 蒙此. 案照, 先准朝鮮國王咨, 前事. 等因. 備云原咨, 具呈本部院, 蒙批前因. 蒙此. 擬合就行. 爲此, 合咨前去, 煩爲查照施行. 須至咨者.

右咨朝鮮國王.

萬曆二十三年正月初十日.

발신: 요동도지휘사사

사유: 긴급한 적정에 관한 일입니다.

[요동도지휘사사] 전사[87]에 대해서 본사가 흠차총독보정등처군무겸리양향경략어왜병부좌시랑겸도찰원우첨도어사 손(광)에게 정(呈)을 올려 「절강의 병사들은 즉각 조발해야 마땅합니다. 다만, 양향은 길이 멀어서 운반하기 불편하므로 전에 이미 누차 해국에 문서를 보내어 현재 양향의 다소를 조사하게 했지만, 아직 회답이 오지 않았습니다. 바라건대 (해국에) 문서를 보내어 우선 갖추어둔 5,000 병마의 양향을 준비하도록 해야 하겠지만 지금은 바야흐로 왜적들이 책봉을 기다리는 때이니 결코 다시 발동하기는 어렵습니다. 덧붙여 (해국에) 문서를 보내어 해국의 비옥한 토지에 이처럼 농사철에 두루 파종을 해서 갖추어 군비를 공급하게 함으로써 늦는데 이르지 말아야 할 것입니다. 이 사안이 처리되면 격보(繳報)하십시오.」라는 내용의 비(批)를 받았습니다. 이를 받고 과거에 처리한 관련 문서를 살펴보니, 전사[88]에 대해서 조선국왕의 자문을 이전에 받았습니다.[89] 원래의 자문에서 말한 바를 갖추어 본부원(本部院)에 정문을 올렸고 전인(前因)에 대한 비를 받았습니다. 이를 받고 헤아려 보건대, 즉시 시행해야 하겠습니다. 이에 마땅히 자문을 보내오니, 번거롭더라도 살펴 시행하십시오. 이 자문이 잘 도착하기를 바랍니다.

이 자문을 조선국왕에게 보냅니다.

만력 23년 1월 10일.

---

87) 본 문서의 사안인 '爲緊急賊情事'를 가리킨다.

88) 본 문서의 사안인 '爲緊急賊情事'를 가리킨다.

89) 조선국왕의 자문 내용은 본 문서에 대한 回咨에서 살펴볼 수 있다.

18. 回咨

34a-35b(69~72쪽)

朝鮮國王,

准來咨, 該爲 緊急賊情 事. 云云. 等因.

准此. 卷查, 先該上年十一月十六日, 准貴司咨.

該蒙部院憲牌. 節該, 仰本司咨行該國, 要見今年秋收, 各道共有粮米幾何, 何地粮餉有餘可以駐兵, 我發兵三千可支幾月, 或發五千發一萬可支幾月, 作速明白回報, 以憑酌量發兵. 蒙此. 合咨前去, 作速查明回報, 以憑轉報酌量發兵施行. 等因.

准此. 十二月初六日, 又准貴司咨.

該蒙部院憲帖. 節該, 查照前行, 將該國預備粮餉, 堪供若干兵馬支用, 議明回報, 以憑施行. 蒙此. 合咨前去, 煩爲查照帖·咨內事理, 查明回復施行. 等因.

准此. 已於本月初三·二十等日, 節將小邦被賊殘破, 唯忠淸·全羅二道, 稍得完全, 又緣節年搬餉, 人力殫竭, 本年耕種纔及上年三分之一, 該得軍餉纔二萬石零, 可勾三千兵八箇月粮料緣由, 查明回復, 以憑轉報. 去後，今准前因，當職爲照，見粮多少，已經查明回復，卽今別無增減數目．但所據粮餉，只可供給三千兵八箇月食用，如將該數移給五千兵馬食用，只可供給五箇月食用．此外，小邦罄竭已極，決無接濟之理．因此，於上年月日不等，節續請給山東米豆，以備急缺，仍照及時播種，以備供給一節．當職已令該管陪臣觀督遺民，各將肥饒去處，略依古人屯田之法，及時播種．只緣民力匱竭，牛具·穀種辦出無路，兼又賊據邊上，人情洶懼，不得安心耕作，尤切憫迫．爲此，合行回咨，請照驗轉報施行．須至咨者．
右咨遼東都指揮使司．

萬曆二十三年二月二十七日．

발신: 조선국왕
사유: 보내온 자문을 받으니, 「긴급한 적정에 관한 일입니다. 운운」 하였습니다.

[조선국왕] 이를 받고 관련된 문서를 찾아보니 작년 11월 16일에 귀사의 자문을 받았습니다.

[요동도지휘사사] 부원(部院)으로부터 헌패를 받았습니다. 대략 「바라건대 본사는 해국에 문서를 보내어 금년의 추수를 살펴보고 각 도에서 군량으로 쓸 쌀은 총 얼마인지, 어떤 곳이 병력을 주둔시켜도 될 만큼 양향이 넉넉한지, 우리가 병력 3,000명을 내면 몇 달을 지탱할 수 있고, 혹 5,000명이나 1만 명을 낸다면 몇 달이나 지탱할 수 있는지를 속히 명백하게 조

사하여 회보하여 이를 근거로 적절히 헤아려 병력을 낼 수 있게 하십시오.」라는 내용이었습니다. 이를 받들어 마땅히 자문을 보내니 속히 명백하게 조사하고 회보하여 이를 근거로 전보하여 적절히 발병(發兵)할 수 있게 하십시오.

[조선국왕] 이를 받고 12월 6일에 또 귀사의 자문을 받았습니다.

[요동도지휘사사] 부원으로부터 헌첩을 받았습니다. 대략 「전에 행했던 그 나라의 예비된 양향을 조사하여 지공할 수 있는 병력이 얼마인지를 명백하게 의논하고 회보하여 이를 근거할 수 있게 하십시오.」라는 내용이었습니다. 이를 받고 마땅히 자문을 보내니 번거롭더라도 첩과 자문 내용의 사리를 살펴서 밝게 조사하여 회답해 주십시오.

[조선국왕] 이를 받고 이미 그 달 초3일과 20일에 차례로 '소방이 적에게 잔파되어 오직 충청도와 전라도만 조금 온전할 수 있었고, 또 해마다 군량을 운반하느라 인력이 다하여 올해의 경종은 겨우 작년의 3분의 1에나 미쳤으니 얻은 군량이 겨우 2만 석 가량이어서 3,000 병력의 8개월 군량이 될 수 있다'는 연유를 밝게 조사해 회보하여 이를 근거로 전보해 달라고 하였습니다. 그 뒤로 이번에 위의 자문을 받고 당직이 살펴보니 현재 양향의 다소는 이미 밝게 조사하여 회보한 것과 별다르게 증감된 수목이 당장은 없습니다. 다만 앞서 언급한 양향으로는 단지 3,000 병력의 8개월 식량밖에는 되지 않으며, 만약 이 수를 5,000 병력의 식량으로 계산하여 지급하게 되면 단지 5개월의 식량이 될 뿐입니다. 이 밖에는 소방의 재정이 극도로 부족하여 결코 접제할 도리가 없습니다. 이로 인해 작년 월일 내내 「산동의 쌀과 콩을 내어서 급박한 결핍에 대비하고 덧붙여 제때 파종하여 공급에 대비할 수 있게 해 주십시오.」라는 한 구절을 반복해서 청했던 것입니다. 당직은 이미 해당 관할 배신으로 하여금 유민(遺民)을 감독하여 각기 비옥한 곳에서 대략이라

도 옛 사람들의 둔전(屯田)의 법에 의거하여 제때 파종하라고 명하였습니다. 다만 민력이 아주 고갈되고 우구(牛具)와 곡식 종자를 판출할 길이 없었으며, 아울러 또한 왜적이 변경을 점거하고 있어 인정이 두려워하므로 마음 편히 경작할 수 없으니 더욱 절박하고 민망스럽습니다. 이에 마땅히 자문으로 회답하오니 청컨대, 살펴서 전보해 주시기 바랍니다. 자문이 잘 도착하기를 바랍니다.

이 자문을 요동도지휘사사에 보냅니다.

만력 23년 2월 27일.

19. 査問本國軍兵
35b-36a(72~73쪽)

遼東都指揮使司,

爲 倭情 事.

蒙欽差總督薊遼保定等處軍務兼理粮餉經略兵部左侍郎兼都察院右僉都御史孫憲牌.

照得, 倭夷乞封, 已准遣使將出. 但夷情狡詐, 將封未封之際, 尤宜嚴備. 又據朝鮮國王咨文, 屢次請兵. 除浙兵另文調發外, 其該國兵馬, 聞近俱訓練可用, 須當協同防禦, 方爲有濟. 合行咨諭. 爲此, 牌仰該司官吏, 照牌事理, 卽行該國將彼處將官, 所領兵馬, 酌量險要, 分爲五部, 某地方某險要相連, 共爲一部, 將官幾員, 所領兵若干名, 條分五款, 開列各將官職名回報, 以便調兵分路協同防禦施行. 毋得違錯未便. 等因.

蒙此. 擬合就行. 爲此, 合咨前去, 貴國煩査該國彼處將官, 所領兵馬, 酌量險要, 分爲五部, 某地方某險要相連, 共爲一部, 將官幾員, 所領兵若干名, 條分五款, 開列各將官職名回報, 過司轉報, 以便調兵分路協同防禦施行. 須至咨者.

右咨朝鮮國王.

萬曆二十三年正月初十日.

발신: 요동도지휘사사
사유: 왜정에 관한 일입니다.

[요동도지휘사사] 흠차총독계료보정등처군무겸리양향경략병부좌시랑겸도찰원우첨도어사 손(광)의 헌패를 받들었습니다.

[손광] 살펴보건대, 왜이들이 책봉을 애걸하므로 이미 준허하여 파견할 사신이 장차 나오게 될 것입니다. 다만, 오랑캐의 사정은 교활하고 속임수가 많은지라 책봉할 즈음에 있어 더욱 엄하게 대비해야 합니다. 또한 조선국왕의 자문을 받아보니 누차 병력을 청하고 있습니다. 절병(浙兵)을 따로 문서로 조발하는 것 외에도, 근래 듣기에 그 나라의 병마(兵馬)가 모두 훈련을 받아서 쓸 만하다고 하니 마땅히 힘을 합쳐 방어해야 바야흐로 정제될 수 있을 것입니다. 마땅히 자문을 보내어 유시하십시오. 이에 해사의 관리에게 패(牌)를 내리니, 패의 사리를 살펴서 즉시 문서를 보내어 그 나라의 장관들과 그들이 거느린 병마로 험요처를 적절히 헤아려 5부(部)로 편성하고, 어떤 지방의 어떤 험요지를 서로 연결시켜 하나의 부로 삼았는지, 장관은 몇 명이고 거느린 병사는 얼마나 되는지를 5개의 조항으로 나누고 장관들의 직책과 성명을 모두 열거해 써서 회답함으로써 병력을 조

발하고 길을 나누어 함께 힘을 합쳐 방어하는데 편하도록 하십시오. 지시를 어겨서 불편하지 않도록 하십시오.

[요동도지휘사사] 이를 받고 헤아려 보건대 즉시 시행해야 하겠습니다. 이에 마땅히 자문을 보내오니, 귀국은 번거롭더라도 해국의 장관들과 그들이 거느린 병마로 적절한 험요처를 헤아려 5부로 편성하고, 어떤 지방의 어떤 험요지를 서로 연결시켜 하나의 부로 삼았는지, 장관은 몇 명이고 거느린 병사는 얼마나 되는지 5개의 조항으로 나누고 장관들의 직책과 성명을 모두 열거해 써서 회답하여 본사로 건네주어 전보하게 함으로써 병력을 조발하고 길을 나누어 함께 힘을 합쳐 방어하는 데 편하게 해 주십시오. 자문이 잘 도착하기를 바랍니다.

이 자문을 조선국왕에게 보냅니다.

만력 23년 1월 10일.

20. 回咨
36b-40b(74~82쪽)

朝鮮國王,

准來咨, 該爲 倭情 事. 云云. 等因.

准此. 查照. 慶尙左道兵馬節度使高彦伯, 同本道兼忠淸道防禦使權應銖, 統領助防將鄭希玄·慶州府尹朴毅長等, 武擧·牙兵·砲手·義勝等軍三千一百七十二員名, 住箚本道慶州府等處, 分守西生林浪等處屯賊, 從陸東北進搶之路及金海·熊川等處屯賊渡江東搶之路, 合爲一部. 右道兵馬節度使金應瑞, 同全羅道兵馬節度使李時言, 統領助防將郭再祐·金海府使白士霖, 武擧·牙兵·砲手·義勝等軍二千三百二員名, 分守金海·熊川等處屯賊, 從陸西北進搶之路, 合爲一部. 水軍統制使李順臣, 統領慶尙右道水軍節度使裵楔·全羅右道水軍節度使李億祺等, 弓砲手·梢水等軍共六千八百三十八員名, 及戰船六十隻·龜舡五隻·哨探舡六十五隻, 住泊巨濟縣西洋閑山島, 共守本縣及金海·熊川等處屯賊, 從海西搶之路, 合爲一部. 慶尙左道水軍節度使李守一, 領弓砲等手·梢水等軍共二百七十一員名, 及戰舡三隻·哨探舡三隻, 住泊長鬐縣海口, 以守西生·林浪等處屯賊, 從海東搶之路, 獨爲一部. 巡邊使李鎰, 領忠淸·全羅等道弓·砲等手·精銳五百員名, 住箚全羅左道長興府, 以守本道沿海及南原·雲峯等處要害去處, 獨爲一部. 諸道都巡察使權慄, 領牙兵·原任晉州牧使朴宗男等二百九十八員名, 住箚中路咸安郡, 節制東西水陸各該將官. 當職, 已經酌量地方險要, 分布堵截, 大槩如此. 今若那移, 彼此勢多妨碍. 如蒙天朝調兵前來, 因而協守, 十分利便. 今依咨內事理, 卽行所據陪臣權慄, 轉諭水陸各該將官, 著令各守信地, 整擲軍馬舩隻, 聽候調兵分路協守外, 今將將官職名, 軍兵數目及該守地方險要開坐. 爲此, 合行回咨, 請照驗轉報施行. 須至咨者.

計開

慶尙左道兵馬節度使高彦伯. 住箚慶州府. 原領武擧·牙兵·砲手, 共五百六十員名. 義勝軍三百四十四名. 分四班上下.

防禦使權應銖. 住箚慶州府. 原領武擧·牙兵·砲手, 共三百四十員名. 義勝軍三百八十名. 分四班上下.

管下助防將鄭希玄. 住箚密陽府楡川站. 原領武擧·牙兵·砲手, 共一百二十員名. 義勝軍一百八十四名. 分四班上下.

助防將金太虛. 住箚密陽府楡川站. 原領武擧·牙兵·砲手, 共一百員名.

助防將洪季男. 住箚慶州府. 原領武擧·牙兵, 共三百八十五員名.

助防將朴惟仍. 住箚中路靑松府. 原領武擧·牙兵, 共二百五員名.

慶州府尹朴毅長. 住箚. 原領牙兵·弓手, 共四百九十九員名.

東萊縣令李得弼. 領牙兵一十名.

機張縣監李弘春. 領牙兵二十名.

彥陽縣監魏得和. 領牙兵二十五名. 按伏雲門寺等處, 哨探密陽·淸道賊路.

右道兵馬節度使金應瑞. 住箚宜寧縣. 原領武擧·牙兵·砲手, 共四百五十三員名. 義勝軍八百四名. 分四班上下.

全羅道節度使李時言. 住箚宜寧縣. 原領武擧·牙兵·砲手, 共四百八十五(員)名.

管下助防將郭再祐. 住箚宜寧縣. 原領牙兵二百八員名, 義勝軍一百三十二名. 分四班上下.

金海府使白士霖. 領牙兵一百名.

昌原府使鄭彥中. 領牙兵四十名. 按伏咸安·漆原等處, 哨探沿海賊路.

別將金得齡. 領原募民壯及弓·砲等手, 共八十員名, 在晉州城裏, 聽候調用.

右道水軍三道統制使李順臣. 住泊巨濟縣西洋閑山島. 原領弓·砲等手共七百一十七員名, 梢水等軍三千七十二名, 戰舡二十六隻, 龜舡五隻, 哨探舡三十一隻.

管下本道節度使裵楔. 住泊巨濟縣西洋閑山島. 原領弓砲等手共五十五員名, 梢水等軍共三百九十八名, 戰舡一十隻, 哨探舡一十隻.

全羅右道節度使李億祺. 住泊巨濟縣西洋閑山島. 原領弓·砲等手共四百二十五員名, 梢水等軍共二千一百七十一名, 戰舡二十四隻, 哨探舡二十四隻.

右道水軍節度使李守一. 住泊長鬐縣海口. 原領武擧·牙兵·砲手共三十一員名, 梢水等軍共二百四十名, 戰舡三隻, 哨探舡三隻.

全羅·忠淸等道巡邊使李鎰. 住箚長興府. 原領弓砲等手五百員名.

諸道都巡察使權慄. 住箚中路咸陽郡. 原領牙兵二百九十八員名.

右咨遼東都指揮使司.

萬曆二十三年三月初四日.

발신: 조선국왕

사유: 보내온 자문을 받으니, 「왜정에 관한 일입니다. 운운」 하였습니다.

이를 받고서 조사해 본 내용은 이렇습니다. 경상좌도병마절도사(慶尙左道兵馬節度使) 고언백(高彦伯)과 본도 및 충청도방어사(忠淸道防禦使)를 겸한 권응수(權應銖)가 통령하는 조방장(助防將) 정희현(鄭希玄)과 경주부윤 박의장 등의 무거(武擧)·아병·포수(砲手)·의승군(義勝軍) 3,172명은 본도의 경주부 등처에 주둔하고 있으면서 서생포·임랑포에 주둔한 적이 육로를 따라 동북쪽으로 와서 공격하는 길목과 김해·웅천에 주둔한 적이 강을 건너 동쪽으로 와서 공격해 오는 길목을 나누어 지키고 있는데, 합하여 하나의 부가 됩니다. (경상)우도병마절도사(右道兵馬節度使) 김응서(金應瑞)와 전라도병마절도사(全羅道兵馬節度使) 이시언(李時言)이 통령하는 조방장 곽재우(郭再祐)와 김해부사 백사림의 무거·아병·포수·의승군 2,302명은 김해·웅천에 주둔한 적이 육로를 따라 서북쪽으로 와서 공격하는 길목을 나누어 지키고 있는데, 합하여 하나의 부가 됩니다. 수군통제사(水軍統制使) 이순신

(李舜臣)[90]이 통령하는 경상우도수군절도사(慶尙右道水軍節度使) 배설(裵楔)과 전라우도수군절도사(全羅右道水軍節度使) 이억기(李億祺)의 궁수(弓手)·포수·초수(梢水) 군병 총 6,838명과 전선 60척·거북선 5척·초탐선 65척은 거제현의 서쪽 바다 한산도(閑山島)에 정박해 있으면서 본현과 김해·웅천에 주둔한 적이 해로를 따라 서쪽으로 공격해 오는 길목을 함께 지키고 있는데, 합하여 하나의 부가 됩니다. 경상좌도수군절도사(慶尙左道水軍節度使) 이수일(李守一)이 이끄는 궁수·포수·초수 군병 총 271명과 전선 3척·초탐선 3척은 장기현(長鬐縣)의 해구에 정박해 있으면서 서생포와 임랑포에 주둔한 적이 해로를 따라 동쪽으로 공격해 오는 길목을 지키고 있는데, 홀로 하나의 부가 됩니다. 순변사(巡邊使) 이일(李鎰)이 이끄는 충청도와 전라도의 궁수·포수 및 정예 500명은 전라좌도의 장흥부(長興府)에 주둔해 있으면서 본도의 연해와 남원·운봉(雲峯)의 요해거처를 지키고 있는데, 홀로 하나의 부가 됩니다. 제도도순찰사 권율이 이끄는 아병과 원임진주목사(原任晉州牧使) 박종남(朴宗男)의 (군사) 298명은 중로의 함안군(咸安郡)에 주둔해 있으면서 동서와 수륙의 여러 장수들을 절제하고 있습니다. 당직이 이미 적절히 헤아린 지방의 험요와 분포된 차단 상황의 대개가 이와 같습니다. 지금 만약 함부로 옮기게 된다면 피차 형세상 방애됨이 많을 것입니다. 만약 천조에서 조발한 병력이 올 수 있어서 이로 인하여 함께 지킬 수 있다면 십분 이롭고 편리할 것입니다. 지금 자문의 사리에 의거하여 즉시 앞서 언급한 배신 권율에게 문서를 보내어 수륙의 각 장관들에게 대신 유시하게 하여 그들로 하여금 각자 주둔 구역을 지키면서 군대와 함대를 정돈해 두었다가 (명군) 병력의 조발을 기다려 길을 나누어 함께 지키게 하는 것 외에도, 지금

---

90) 원문의 '李順臣'은 李舜臣의 오기이다. 『事大文軌』에서 이순신의 이름 중 '舜'은 '順'으로 표기되고 있는데, 명에 보내는 문서에서 '舜'이라는 글자를 피한 것으로 보인다.

장관들의 직책과 이름, 군병의 항목별 수와 그들이 지키는 각지의 험한 요새가 있는 곳들에 대해서 열거합니다. 이에 마땅히 자문으로 회답하오니 청컨대 살펴서 전보해 주시기 바랍니다. 자문이 잘 도착하기를 바랍니다.

첨부 명단

경상좌도병마절도사 고언백. 경주부에 주둔. 원래 거느린 무거·아병·포수는 총 560원명. 의승군은 344명. 4개의 반으로 나누어 교대.

방어사 권응수. 경주부에 주둔. 원래 거느린 무거·아병·포수는 총 340원명. 의승군은 380명. 4개의 반으로 나누어 교대.

관하의 조방장 정희현. 밀양부 유천참에 주둔. 원래 거느린 무거·아병·포수는 총 120원명. 의승군은 184명. 4개의 반으로 나누어 교대.

조방장 김태허. 밀양부 유천참에 주둔. 원래 거느린 무거·아병·포수는 총 100원명.

조방장 홍계남. 경주부에 주둔. 원래 거느린 무거·아병은 총 385원명.

조방장 박유잉. 중로의 청송부(靑松府)에 주둔. 원래 거느린 무거·아병은 총 205원명.

경주부윤 박의장. 주둔.[91] 원래 거느린 아병·궁수는 총 499원명.

동래현령 이득필(李得弼). 거느린 아병 11명.

기장현감 이홍춘(李弘春). 거느린 아병 20명.

언양현감 위득화(魏得和). 거느린 아병 25명. (이득필, 이홍춘, 위득화의 아병들은) 운문사(雲門寺) 등처에 매복해 있으면서 밀양과 청도의 적로를 초탐.

91) 주둔 지역이 누락돼 있다.

(경상)우도병마절도사 김응서. 의령현에 주둔. 원래 거느린 무거·아병·포수는 총 453원명. 의승군은 804명. 4개의 반으로 나누어 교대.

전라도(병마)절도사 이시언. 의령현에 주둔. 원래 거느린 무거·아병·포수는 총 485원명.

관하의 조방장 곽재우. 의령현에 주둔. 원래 거느린 아병은 208원명, 의승군은 132명. 4개의 반으로 나누어 교대.

김해부사 백사림. 거느린 아병 100명.

창원부사 정언중(鄭彥中). 거느린 아병 40명. (백사림과 정언중의 아병들은) 함안과 칠원에 매복해 있으면서 연해의 적로를 초탐.

별장(別將) 김덕령(金德齡)[92]. 원래 모집했던 민장(民壯)과 궁수·포수 총 80명을 거느리고 진주성 안에서 조발되어 쓰이기를 기다리고 있음.

우도의 수군삼도통제사 이순신. 거제현의 서쪽 바다 한산도에 정박. 원래 거느린 궁수와 포수는 모두 717명, 초수 등 군병은 3,072명, 전선 26척, 거북선 5척, 초탐선 31척.

관하의 본도(경상우도) 절도사 배설. 거제현의 서쪽 바다 한산도에 정박. 원래 거느린 궁수와 포수는 모두 55원명, 초수 등 군병은 모두 398명, 전선 10척, 초탐선 10척.

전라우도(수군)절도사 이억기. 거제현의 서쪽 바다 한산도에 정박. 원래 거느린 궁수와 포수는 모두 425원명, 초수 등 군병은 모두 2,171명, 전선 24척, 초탐선 24척.

좌도[93]수군절도사 이수일(李守一). 장기현의 해구에 정박. 원래 거느린 무

92) 본문의 '金得齡'은 '金德齡'의 오기이다.

93) 본문의 '右道'는 '左道'의 오기이다.

거·아병·포수는 총 31원명, 초수 등의 군병은 총 240명, 전선 3척, 초탐선 3척.

전라도와 충청도의 순변사 이일. 장흥부에 주둔. 원래 거느린 궁수와 포수는 500원명.

제도도순찰사 권율. 중로의 함양군(咸陽郡)[94]에 주둔. 원래 거느린 아병은 298원명.

이 자문을 요동도지휘사사에 보냅니다.

만력 23년 3월 4일.

94) '咸陽郡'은 앞에서 '咸安郡'으로 나와 있다.

21. 本國禁耕邊界

40b-42b(82~86쪽)

朝鮮國王,

爲 禁墾邊界, 以杜獘患 事.

議政府狀啓.

據平安道兵馬節度使申礫呈.

該本年正月二十九日, 有漢人馬·步共三十餘名, 進向昌城鎭那邊賊路去訖. 卑職就着大吉號里權管白隆虎, 領兵跟探問. 據本人說稱, 上國官司, 要充兵粮, 今於這地面, 開田住種. 見簽農軍百有五十餘名, 牛百餘隻, 要做庄家, 來砍木料, 打造窩鋪等情. 仍示文書一紙, 委係舊年所呈. 內有鎌刀灣·石明河等處開墾字樣, 所據地名, 未審的係何處, 但凡本地密邇虜境, 比先他每屢要耕墾, 或峻詞說退, 或揚威趕出, 嚴截界限, 禁勿侵冒. 今若上國軍民, 前來住種, 邊臨賊境, 勢甚孤懸, 惹釁貽患, 難保必無. 合無備由轉啓, 先行禁革. 等因.

具呈. 據此. 臣等參看得前項鎌刀灣石等處, 未知的係何處. 但所據要耕地面，委近虜地，旣已禁截．今若上國許民耕墾，仍盖房屋，漸次來住，意外踈虞，不得不慮．兼又本國邊氓，密地攙越，交通往來，致生爭端，决非細故．擬合咨請遼東都司，轉稟布政等衙門，照舊抛荒嚴截，關防便益．等因．

具啓．據此．前因，當職爲照，上邦·下國旣同一家，且係地方利害，務要便宜相濟．且今上國邊民，告開荒田要充粮餉，似應准從，以備軍儲．第念前項昌城那邊等處，實近虜境，抄竊可虞．且又接連小邦，勢易攙越，致滋弊患，委難防範．先前年間，節將沿江一帶地土，必須禁革閑荒者，實慮惹事，其意深遠．見今這地，委與原先禁耕等處，事體相同，而賊路之逼，交通之便，尤爲切近．思患預防，在所必謹．煩乞貴司，查將原禁事理，備稟布政等衙門．仍禁右衛等處，原告軍民，不許混種虜近地土，俾軍民各安分界，邊境永保寧帖，不勝幸甚．爲此，合行移咨，請照驗轉稟施行．須至咨者．

右咨遼東都指揮使司．

萬曆二十三年三月初四日．

발신: 조선국왕
사유: 변계의 땅을 개간하지 못하도록 금지하여 이로써 폐단과 염려를 막는 일입니다.

[조선국왕] 의정부의 장계입니다.

[의정부] 평안도병마절도사 신잡(申磼)의 정(呈)을 받았습니다.

[신잡] 본년 정월 29일, 한인의 마병과 보병 모두 30여 명이 창성진(昌城鎭)의 근처 적로(賊路)로 향해 와서 갔습니다. 제가 곧바로 대길호리(大吉號里)의 권관(權管) 백융호(白隆虎)로 하여금 병사들을 거느리고 좇아가서 탐문하게 했습니다. 그가 말한 바에 의거하면, "상국의 관사에서 병량을 마련하기 위해 지금 이쪽 편의 땅에 토지를 개간하며 농사를 짓고자 한다고 했습니다. 살펴보니 농군(農軍)이 150여 명에 소가 100여 마리였는데, 농가를 짓고자 와서 목재를 베어 가 와포(窩鋪)를 만들고 있다고 합니다."라고 했습니다. 덧붙여 문서 하나를 보였는데, 실제로 작년에 올린 것이었습니다. 그 안에 「겸도만(鎌刀灣)·석명하(石明河)를 개간한다.」라는 문구가 있었는데, 언급한 지명이 어디인지 알지 못하겠으나 단지 이러한 곳들이 오랑캐의 경계와 매우 가까우므로 이전에 저들이 누차 경작하고 개간하겠다고 하면 혹 준엄한 말로 물리치고, 혹은 위엄을 떨쳐서 좇아내 엄격히 계한(界限)을 가르고 위험을 무릅쓰지 못하게 했습니다. 지금 만약 상국의 군민들이 이쪽으로 와서 거주하며 농사를 짓는다면 변경이 적들의 경계와 접하게 되어 형세상 심히 고립될 것이며, 흔단을 불러일으켜 환란을 미치는 일이 결코 없을 것이라는 것은 보장하기 어렵겠습니다. 사유를 갖추어 전계(轉啓)하고 미리 금혁(禁革)하는 것이 어떨까 합니다.

[의정부] 갖추어 올린 정문을 받고 신들이 자세히 살펴보았지만 전항의 겸도만·석명하(鎌刀灣石)가 어디인지 알지 못하겠습니다. 다만, 경작하겠다고 언급한 지역은 실로 오랑캐의 땅과 가깝기에 이미 금절(禁截)시켰습니다. 지금 만약 상국이 백성들의 개간을 허락하게 되면 곧 건물을 올리고 점점 많이 와서 거주하게 될 것이니 뜻밖의 근심을 염려하지 않을 수 없습

니다. 겸하여 또한 변방에 거주하는 본국의 백성들도 가까운 땅이라서 함부로 넘나들며 서로 왕래하여 쟁단을 발생시키게 될 수도 있으니 결코 작은 염려가 아닙니다. 헤아려 보건대, 마땅히 자문으로 요동도사에게 포정(布政) 등의 아문에 전품(轉禀)하도록 청하여 구례를 살펴 버려진 묵은 땅을 엄히 끊게 한다면 관방(關防)에 있어 편리하고 이로울 것입니다.

[조선국왕] 갖추어 올린 장계를 받고 보내 주신 전의 사안에 대해 당직이 살펴보건대, 상방(上邦)과 하국(下國)은 이미 한 집안과 같으니, 지방의 이해에 대해서도 편의대로 서로 구제하는 데 힘써야 할 것입니다. 또한 이제 상국의 변경 백성들이 황무지를 개간하여 군량을 보충하고자 한다고 고해 왔으니 응당 이를 따라주어 이로써 군량의 비축에 대비하게 해야 할 것입니다. 다만 생각건대, 전항의 창성(昌城) 인근 지역들은 실로 오랑캐의 변경과 가까워 노략질 당할 것이 우려됩니다. 또 소방과도 접하고 있어 넘나들기 용이한 형세인지라 무궁한 폐단과 염려를 자아내게 될 것이며 실로 방범(防範)하기 어려울 것입니다. 예전부터 연강 일대의 토지와 관련해서 여러 차례 반드시 금혁하여 막아서 황무지로 둔 까닭은 실로 사단을 초래할까 염려했기 때문인 것이니, 그 뜻이 깊고도 멀리 내다본 것이었습니다. 지금 그 땅은 실로 원래 예전부터 경작이 금지된 곳들과 사체가 같아서 적의 통로와 몹시 가깝고 서로 통하기 편하기에 더욱 그러합니다. 환란을 미리 막는 것을 생각함은 반드시 삼가는 데 있습니다. 번거롭겠지만 귀사에 바라건대, 원래 금지했던 사리를 조사하여 포정 등의 아문에 갖추어 품해 주십시오. 덧붙여 우위(右衛)[95] 등처를 금압하여 원래 고해 온 군민들이 오랑캐와 가까운 땅에서 섞여 살지 못하게 하여 군민들이 각자 편안하게 경계를 나눔으로써 변경이 영구히 보전되고 안녕하도록 해 주신다면 더 없이 다행스러운 일이겠습니다.

95) 여기서 '우위'는 건주우위를 이른다.

이에 마땅히 자문을 보내니 청컨대 살펴서 전품(轉稟)해 주시기 바랍니다. 자문이 잘 도착하기를 바랍니다.

이 자문을 요동도지휘사사에 보냅니다.

만력 23년 3월 4일.

22. 都司查考天粮見在實數

42b-44a(86~89쪽)

遼東都指揮使司,

爲 粮餉 事.

本月十三日, 蒙欽差總督薊遼保定等處軍務兼理粮餉經略禦倭兵部左侍郎兼都察院右僉都御史孫批.

據參軍汪鳴和呈.

查得, 朝鮮平壤倉中, 原修貯天朝小米二萬九千五百八十包十四斗六升五合, 豆二萬一千二百三十一包十四斗四升七合, 簕秣二百三十三包五斗. 除傳備禦·司指揮監放過運過外, 止存小米四千四百八十八包九斗七升五合, 大米五百包, 豆一千六百三十包十斗二合, 簕秣換豆二百三十三包五斗. 卑職, 蒙總督軍門顧委任平壤, 監督朝鮮陪臣平安道觀察使李元翼·調度催粮御史南以恭等, 日每查驗, 實往來人馬數目明白, 然後方許關支. 由萬曆二十二年四月十八日, 走至本年十一月初三日, 止共放過, 小米二千三百零一包六斗四升四合九勺,豆一千六百十一包三斗八升一合六勺. 放過朝鮮大米四千零七十七石七斗八升一合八勺內, 除傳備禦換存大米五百包, 計朝鮮升斗七百五十石外, 其餘具計, 朝鮮接濟大米三千三百二十七石七斗八升一合八勺. 除以上放過, 淨實在平壤倉中見貯天朝小米二千一百八十七包零三斗三升一勺, 豆二十包零六斗二升四勺, 芻秣換豆二百三十三包五斗. 卑職蒙老爺批, 回原呈查, 平壤倉中見貯糧豆若干, 交割與朝鮮陪臣明白, 即回聽用. 今取具李元翼等收貯結狀, 併粮豆册籍. 緣由.

具呈. 本部院詳批, "仰都司, 行朝鮮國陪臣, 查見在糧豆果否俱堪食用, 有無腐爛回報." 等因.

蒙此. 擬合就行. 爲此, 合咨前去, 貴國煩查平壤倉中, 見貯天朝小米二千一百八十七包零三斗三升一勺, 豆二十包零六斗二升四勺, 芻秣換豆二百三十三包五斗, 要見粮豆果否可堪食用, 有無腐爛, 逐一閱驗明白, 取具陪臣李元翼收貯粮豆堪用印結·册籍, 速交與差去人員賫來, 以憑立等報部施行. 須至咨者.

右咨朝鮮國王.

萬曆二十三年正月二十三日.

발신: 요동도지휘사사

사유: 양향에 관한 일입니다.

[요동도지휘사사] 이달 13일, 흠차총독계료보정등처군무겸리양향경략비왜병

부좌시랑겸도찰원우첨도어사 손(광)의 비(批)를 받았습니다.

[손광] 참군(參軍) 왕명화로부터 다음과 같은 내용의 정문을 받았습니다.

[왕명화] 조사해 보건대, 조선 평양의 창고에는 원래 중원에서 거두어 저장해 둔 천조의 좁쌀 2만 9,580포(包) 14두 6승 5홉, 콩 2만 1,231포 14두 4승 7홉, 말 먹이용 꼴 233포 5두가 있었습니다. 부(傅) 비어(備禦)[96]와 사 지휘(指揮)가 감독해서 방출해 준 것과 운반한 것 외에, 단지 좁쌀 4,488포 9두 7승 5홉, 쌀 500포, 콩 1,630포 10두 2홉, 콩 233포 5두로 환산되는 말 먹이용 꼴이 남았을 뿐입니다. 저는 총독군문(總督軍門) 고[97]의 위임을 받고 평양으로 와서 조선의 배신 평안도관찰사(平安道觀察使) 이원익·조도최량어사(調度催粮御史) 남이공(南以恭) 등을 감독하여 날마다 왕래하는 사람과 마필의 수효를 조사하여 명백히 한 연후에야 방출하였습니다. 만력 22년(1594) 4월 18일부터 올해 11월 3일까지 방출한 것은 총 좁쌀 2,300령(零) 1포 6두 4승 4홉 9작, 콩 1,611포 3두 8승 1홉 6작입니다. 방출한 조선의 쌀[大米] 4,000(령) 77석 7두 8승 1홉 8작 가운데 비어 부에게 환존(換存)한 쌀 500포, 조선의 도량형에 따르면 750석을 제외하고 그 나머지를 갖추어 계산해 보면 조선의 접제한 쌀은 3,327석 7두 8승 1홉 8작입니다. 이처럼 방출한 것을 제외하고 실제 평양의 창고 안에 현재 저축되어 있는 천조의 좁쌀은 2,187포령(包零) 3두 3승 1작, 콩은 20포령 6두 2승 4작, 말먹이용 꼴로 바꾼 콩 233포 5두입니다. 제가 노야의 비를 받들고 다시 원정(原呈)을 조사해 보니 평양의 창고 안에 현재 저축한 군량과 콩의 수효와 조선의 배신과 교환한 것이 명백하기에 즉시 돌아가 명령한 대로 사용하라고 했

96) 부정립(傅廷立, ?~?)이다.

97) 고양겸이다.

습니다. 이제 이원익 등이 거두어들인 저축에 대한 증명서[結狀]를 준비했고 아울러 군량과 콩에 대한 사항들을 책으로 엮었습니다.

[손광] 갖추어 온 정문에 대해서 본부원은 「바라건대 도사는 조선의 배신에게 문서를 보내어 현재의 군량과 콩이 과연 먹을 만한 것인지의 여부와 썩은 것은 없는지를 갖추어 회보하게 하십시오.」라는 상비를 내렸습니다.

[요동도지휘사사] 이를 받들고 헤아려 보건대 즉시 시행해야 하겠습니다. 이에 마땅히 자문을 보내오니, 귀국은 번거롭더라도 평양의 창고 안에 현재 저축된 천조의 좁쌀 2,187포령 3두 3승 1작, 콩 20포령 6두 2승 4작, 말먹이용꼴로 바꾼 콩 233포 5두 가운데 군량과 콩이 과연 먹을 만한 것인지의 여부 및 썩은 것은 없는지를 일일이 두루 조사해서 명백히 하고 배신 이원익으로 하여금 군량과 콩이 쓸 만하다는 보증서[印結]와 책적(册籍)을 갖추어 속히 파견한 사람에게 주어서 가져와 이에 근거하여 속히 부(部)에 보고할 수 있게 해 주십시오. 자문이 잘 도착하기를 바랍니다.

이 자문을 조선국왕에게 보냅니다.

만력 23년 1월 23일.

23. 回咨
44a-45b(89~92쪽)

朝鮮國王,

准來咨, 該爲 粮餉 事. 云云. 等因.

准此. 就着該曹行文平壤, 將原貯上國米豆, 見在數目及有無腐爛, 應否食用, 逐一盤驗, 籍册查報. 去後, 今據戶曹判書金睟等, 啓稱.

該本道觀察使李元翼關.

照得, 天朝原先搬到收貯兵粮, 該小米共二萬九千五百八十包十四斗六升五合, 豆二萬一千二百三十一包十四斗四升七合, 蒭秣二百三十三包五斗. 內已有傳備禦等官, 監放數目外, 將見數, 已後往來人馬應付粮料, 職同調度官南以恭眼同關支. 仍將支過數目, 造册在官外, 今查存留, 小米該二千一百三十一石五斗一升, 豆二百四十七石四斗八升二合, 俱無腐爛, 委堪食用. 收在庫其小米五十五石十三斗二升, 豆六石六斗四升二合, 已於往來官軍及本道賑濟等項, 支放消費. 將收過放過數目, 備造文册, 以憑日後查扣. 等因.

得此. 具啓.

據此. 參詳上國官粮, 先蒙搬到平壤專靠. 見貯之數, 適年接用, 俱有籍册可査. 今准文內事理, 就着該管官, 行取本道觀察使, 實收放過明文, 照數査驗. 見貯小米一千一百八十七包零, 三斗三升一勺, 豆二十包零六斗二升四勺, 蕎秣換豆二百三十三包五斗, 果無腐爛, 可堪食用. 內有官軍並賑飢等項, 該用小米五十五石十三斗二升, 豆六石六斗四升二勺. 就令本道, 再行査驗, 將已支見貯等, 各㨾數目, 備造籍册, 同原報咨文交付差來官, 齎送前去外, 爲此, 合行回咨, 請照驗轉報施行. 須至咨者.
右咨遼東都指揮使司.

萬曆二十三年三月初六日.

발신: 조선국왕
사유: 보내온 자문을 받으니, 「양향에 관한 일입니다. 운운」 하였습니다.

[조선국왕] 이를 받고, 곧바로 해조로 하여금 평양에 문서를 보내어 원래 저축해 둔 상국 쌀·콩의 현재 항목별 수량과 썩은 것이 있는지의 여부, 식용이 가능한지의 여부를 낱낱이 검사하여 수량대로 책자에 적어서 조사한 것을 보고하라고 하였습니다. 그 뒤 지금 받은 호조판서 김수(金晬) 등의 장계에서 말하였습니다.

[김수] 본도의 관찰사 이원익으로부터 다음과 같은 내용의 관문(關文)을 받았습니다.

[이원익] 살펴보건대, 천조에서 원래 처음 운반해서 저축해 둔 병량은 좁쌀 2만 9,580포 14두 6승 5홉, 콩 2만 1,231포 14두 4승 7홉, 꼴 233

포 5두였습니다. 그 수량 내에서 이미 부 비어(부정립) 등의 관원들이 감독하여 방출한 항목별 수량 외에도, 현재 남은 수는 그 이후로 왕래한 사람과 말에게 양료로 지급한 것으로 제가 조도관 남이공과 함께 직접 지급을 살폈습니다. 이어서 지급해 온 항목별 수량을 책으로 만들어 관사에 둔 것 외에도, 지금 남아 있는 수량을 조사해 보니 좁쌀은 2,131석 5두 1승이었고 콩은 247석 4두 8승 2홉이었으며 모두 썩은 것은 없어 실로 식용으로 쓸 수 있었습니다. 창고에 거두어 둔 좁쌀 55석 13두 2승, 콩 6석 6두 4승 2홉은 이미 오가는 관군과 본도의 진휼 등의 용도로 방출하여 소비했습니다. 거두어 둔 것과 방출해 온 것의 항목별 수량은 책자로 갖추어 이로써 이후의 조사에서 근거로 삼게 하였습니다.

[김수] 이를 받고서 장계를 갖추어 올립니다.

[조선국왕] 이를 받고서 상국의 관량(官粮)을 자세히 살펴보건대 앞서 평양에 운반해 두었던 탓에 전적으로 이에 기댈 수 있었습니다. 현재 저축된 수량은 매년 접대의 용도로 사용했는데 모두 책자 안에 있으니 조사해 볼 수 있을 것입니다. 이번에 받은 문서의 내용은 곧바로 해당 관할 관원으로 하여금 본도 관찰사에게 문서를 보내 실제 거둔 것과 방출해 온 것을 적은 명문을 갖추어 숫자대로 조사하도록 했습니다. 현재 저축되어 있는 좁쌀은 모두 1,187포 3두 3승 1작 가량이고, 콩은 20포 6두 2승 4작 가량이며, 콩으로 환산한 꼴은 233포 5두로 과연 썩은 것이 없어 먹을 만 하였습니다. 그 수량 내에서 관군 지급과 진휼 등의 항목으로 좁쌀 55석 13두 2승, 콩 6석 6두 4승 2작을 썼다고 합니다. 곧바로 본도로 하여금 이미 방출한 것과 현재 저축된 것에 대하여 항목별로 수량을 다시 조사하게 하여 책자로 만들고 이를 파견되어 온 관원에게 원래 보고한 자문과 함께 가지고 가도록 하는 것 외에도, 이에 마땅히 자문으로 회답하오니 청컨대 살펴서 전보해 주시기 바랍

니다. 자문이 잘 도착하기를 바랍니다.

이 자문을 요동도지휘사사에 보냅니다.

만력 23년 3월 6일.

24. 都司偵探倭賊渡海
45b-46a(92~93쪽)

遼東都指揮使司,

爲 賊情 事.

蒙欽差總督薊遼保定等處軍務兼理粮餉經略禦倭兵部左侍郎兼都察院右僉都御史孫批, 據本司呈, 前事. 蒙批, "倭夷已奉旨准封. 但狡謀委屬難測, 仰行該國, 仍要嚴加隄備, 亦須安靜以待, 毋得自行驚擾, 使臣到彼, 仍偵探倭夷, 果退兵不退兵, 作速回報, 以便相機防禦. 此繳." 蒙此. 擬合就行. 爲此, 合咨前去, 貴國遵照批·呈·咨文內事理, 嚴加隄備, 仍偵探倭夷果退兵不退兵, 作速回咨前來, 以憑轉報施行. 須至咨者.
右咨朝鮮國王.

萬曆二十二年二月初六日.

발신: 요동도지휘사사

사유: 왜적의 정세에 관한 일입니다.

[요동도지휘사사] 전사[98]와 관련하여 본사(요동도지휘사사)가 올린 정문에 대해서 「왜이(倭夷)가 이미 책봉을 허락한다는 성지를 받들었습니다. 다만 교사한 모의를 헤아리기 힘드니, 바라건대 해국에 문서를 보내어 엄히 방비를 더하도록 하고 또한 모름지기 안정(安靜)하며 기다려 스스로 경요(驚擾)하지 말도록 하며 사신이 저곳에 도착하면 덧붙여 왜이가 과연 병사를 물렸는지 물리지 않았는지 정탐하고 즉시 회보하여 방어의 기미를 편하게 하도록 하십시오. 사안이 처리되면 격보(繳報)하십시오.」라는 흠차총독계요보정등처군무겸리양향경략어왜병부좌시랑겸도찰원우첨도어사 손(광)의 비문을 받았습니다. 이를 받고 헤아려 보건대 마땅히 곧바로 시행해야겠습니다. 이에 마땅히 자문을 보내니, 귀국은 비문·정문·자문의 내용을 살펴서 엄히 방비를 더하고 덧붙여 왜이가 과연 병사를 물렸는지 물리지 않았는지 정탐하고 즉시 회보하여 이를 근거로 전보하게 해 주기 바랍니다. 자문이 잘 도착하기를 바랍니다.

이 자문을 조선국왕에게 보냅니다.

만력 22년 2월 6일

98) 본 문서의 사안인 '爲賊情事'를 가리킨다.

25. 回咨
46b-48a(94~97쪽)

朝鮮國王,

爲 賊情 事.

本年二月二十六日, 准貴司咨, 前事. 云云. 等因. 准此. 查照, 先該本年二月初五日, 准貴司咨, 該爲倭情事, 內稱.

蒙欽差總督兵部左侍郎孫憲牌.

倭夷乞封, 已准遣使. 但倭夷狡詐, 將封未封之際, 尤宜嚴備. 等因. 當職已將行文巡察陪臣權慄等, 酌量各處險要分布堵截緣由, 及各該將官職名并原領軍兵數目, 備開咨覆外, 及查本月十九日, 准欽差遊擊將軍陳咨.

欽奉明旨, 先差兪大武, 前往釜山, 諭令行長回巢量留船衆以迎封使. 本職同經略軍門委官駱一龍, 帶領朝鮮陪臣李時發·通事李海隆等, 進入倭營, 親諭行長, 俛首聽命, 隨請本職督發倭船三十六號. 等因. 得此. 先於本年正月二十七日, 准兵部咨. 節該.

今特專官, 傳檄該國, 責差的當陪臣, 前往釜山, 親會行長, 諭以天朝恩威, 使彼釜倭盡歸, 據實奏報. 等因.

准此. 已差陪臣朴振宗, 跟同本部委官婁國安, 前往倭營. 去後二月初二日, 據陪臣李時發狀啓.

跟隨遊擊陳, 於本年正月十三日, 進入熊川賊營, 聽得行長·玄蘇等. 俱說俺等, 切要早歸對馬等待天使, 但念從前喫哄, 必須在此等待. 若天使來到, 王京·南原等處, 當卽捲來. 等因.

據此. 又該本月二十七日, 據陪臣朴振宗狀啓.

臣跟同兵部差官婁國安, 於本月初十日, 進到熊川賊營. 有婁國安向行長諭說, 聖上旣已准封, 沈參將多帶人馬, 先天使出來, 兵部石爺差送俺等, 曉諭你們先令撤兵過海. 本賊回說, 大軍進退不可容易. 煩乞大人先回部裡, 催送沈參將, 俺等當先撤兵仍留待天使一齊渡海. 等因.

具啓. 得此. 已經備咨轉報. 去後, 今該前因, 當職爲照, 仰惟天朝旣已准封, 節續差官, 往諭著令回巢, 而指稱等待天使, 尙未渡海, 兇謀叵測, 難以的議. 一應隄備, 不可遽弛. 當職節准來文事理, 除行各處將領等官, 加謹防守, 毋自驚擾, 仍選差乖覺軍丁, 出遠哨瞭, 候有本賊有無退兵, 的確文報至日, 另行備由馳報外, 爲此, 合行回咨, 請照驗轉報施行. 須至咨者.

右咨遼東都指揮使司.

萬曆二十三年三月初六日.

발신: 조선국왕

사유: 왜적의 정세에 관한 일입니다.

[조선국왕] 본년 2월 26일 귀사의 자문을 받으니, 「전사[99]에 대한 것입니다. 운운」라고 하였습니다. 이를 받고 조사해 보건대, 본년 2월 5일에 귀사(요동도지휘사사)로부터 「왜정의 정세에 관한 내용입니다.」라는 사유의 자문을 받았는데, 다음과 같았습니다.

[요동도지휘사사] 흠차총독병부좌시랑 손(광)의 헌패를 받았습니다.

[손광] 왜이가 책봉을 구한 일에 대해서는 이미 사신을 보내기로 했습니다. 다만 왜이는 교사(狡詐)하니 책봉이 진행되는 중에는 더욱 방비를 엄하게 해야 할 것입니다.

[조선국왕] 당직이 이미 순찰배신 권율 등에게 행문하여 각처 험요지를 방어하고 있는 상황 및 각 장관의 직명과 소속 군병의 수를 헤아려 나열하여 자문으로 보내는 외에, 본월 19일 흠차유격장군 진(운홍)의 자문을 받았습니다.

[진운홍] 밝은 성지를 받들었으니, 먼저 유대무를 보내어 부산에 가게 하여 유키나가[100]에게 소굴로 돌아갈 것이며 적절하게 헤아려 남게 한 선원의 무리로 책봉사를 맞이하도록 유시하게 하였습니다. 본직은 경략군문위관 낙일룡과 함께 조선 배신 이시발과 통사 이해룡을 데리고 왜영에 들어가 친히 유키나가에게 유시하니 고개를 숙여 명령을 들었고 이어서 본직에게 왜선 36척을 출발시킬 것을 감독하도록 청했습니다.

[조선국왕] 이를 받고서 앞서 본년 정월 27일에 병부의 자문을 받았습니다. 대략 다음과 같은 내용이었습니다.

[병부] 지금 특별히 전담 관원(專官)을 보내어 해국에 격문을 전하니, 적당한 배신을 차견하여 부산으로 가게 하여 친히 유키나가를 만나 천조의 은위(恩威)로써 부산의 왜적을 모두 돌아가도록 유시하고 사실에 입각하

99) 본 문서의 사안인 '爲賊情事'를 가리킨다.

100) 원문에는 '行長'으로 기재되어 있다.

여 주보하십시오.

[조선국왕] 이를 받고 이미 배신 박진종을 차견하여 본부의 위관 누국안을 따라 왜군 진영에 가게 하였습니다. 그 후 2월 2일, 배신 이시발의 장계를 받았습니다.

[이시발] 유격 진(운홍)을 따라 본년 정월 13일에 웅천의 적 진영에 진입하여 유키나가와 겐소[101]의 이야기를 들었습니다. 모두 우리에게 말하기를, "빨리 대마도로 돌아가 천사(天使)를 기다리고자 하나 다만 전일의 끽공(喫哄)[102]을 생각하여 모름지기 반드시 여기서 기다리고 있습니다. 만약 천사가 도착하면 왕경과 남원 등처에서 즉시 무리(명군)를 철수시켜야 합니다."라고 하였습니다.

[조선국왕] 이를 받고서 또 본월 27일에 배신 박진종의 장계를 받았습니다.

[박진종] 신이 병부차관 누국안을 따라 본월 10일에 웅천의 적 진영에 도착했습니다. 누국안이 유키나가를 향해 유설(諭說)하기를, "성상께서 이미 책봉하기로 하여 심참장이 인마를 여럿 거느리고 천사에 앞서 나왔고, 병부의 석야(石爺)[103]께서 우리들을 보내어 너희들로 하여금 먼저 철병하여 바다를 건너가도록 효유하게 하셨다."라고 하였습니다. 이 왜적이 답하기를, "대군의 진퇴는 용이하지 않습니다. 번거로이 청하건대 대인께서 먼저 병부로 돌아가셔서 심참장의 파견을 재촉하신다면 저희들은 마땅히 먼저 철병하고 천사가 오는 것을 기다려 일제히 바다를 건널 것입니다."라고 하였습니다.

[조선국왕] 갖추어 올린 장계를 받고 이미 자문을 갖추어 전보하였습니다.

---

101) 원문에는 '玄蘇'로 기재되어 있다.

102) '공갈'과 유사한 의미. 평양에서 심유경과 고니시 유키나가 사이에 있었던 '휴전 약조' 이후 전개된 명군의 공격 등을 가리키는 것으로 보인다.

103) 병부상서 석성(石星, 1537~1599)을 가리킨다.

이런 조치를 다한 후에 위의 자문을 받고 당직이 생각건대, 천조에서 이미 책봉하기로 하시고, 이어서 여러 차례 차관을 보내어 가서 소굴로 돌아가기를 유시하였으나 천사를 기다린다고 핑계를 대며 오히려 바다를 건너가지 않고 있으니, 흉모가 파측하여 적의(的議)하기 어렵습니다. 일체의 방비를 해이하게 할 수 없습니다. 당직이 여러 차례 받은 문서의 내용에 따라, 각처 장령 등 관원에게 방수에 더욱 힘쓰고 스스로 경요하지 않게 할 것이며, 덧붙여 총민한 군정을 선발해 멀리 정탐을 보내어 이 왜적의 퇴병 여부를 척후하게 하고 문서로 정확한 보고가 올라오면 따로 연유를 갖추어 치보하는 외에, 이에 마땅히 자문에 회답하니 청컨대 밝게 살펴서 전보해 주십시오. 자문이 잘 도착하기를 바랍니다.

이 자문을 요동도지휘사사에 보냅니다.

만력 23년 3월 6일.

26. 兵部責差陪臣修好日本[104)]

48b-49a(98~99쪽)

兵部,

爲 欽奉聖諭 事.

頃因倭犯朝鮮, 勢危告急, 致厪我皇上. 命將興師, 遠爲拯救, 勞兵費餉, 始得恢復境土, 再造生靈. 比自關白遣小西飛, 具表乞封, 意雖誠懇, 尙未慨允. 繼因朝鮮具疏代請, 荷蒙皇上姑准一封. 追復欽奉聖諭, 會集文武多官, 研加譯審, 訂以約束, 頗皆明確. 本部一力擔當. 題奉聖旨.

這倭使旣譯審明確. 封名册使, 着詳議具奏. 你部裏先差官, 宣喩倭將, 率衆盡數回巢, 待朝鮮王奏到之日, 遣使往封.

欽此. 隨經題准, 封關白爲日本國王, 欽遣册使二員, 同小西飛於正月內出京, 暫駐遼陽, 俟釜山倭衆盡數回巢, 該國奏到, 而後往封. 薄海內外, 莫不聞知, 無非爲朝鮮計也. 今特專官傳檄, 該國君臣, 務意誠心, 仰體聖明字小之仁, 責差的當陪臣, 前到釜山, 親會行長, 諭以天朝恩威, 兩

104) 본 자문과 조선의 회자는 이호민, 『五峯集』 권12, 咨 兵部移咨 乙未三月 기사와 『宣祖實錄』 권59, 宣祖 28年 1月 丁丑(4日) 기사에서도 확인된다.

相修好，不念舊惡．俟彼釜倭盡歸栅房燒燬之後，遵旨據實奏報，以便册使渡海往封，萬勿遲疑，自貽後患．須至咨者．
右咨朝鮮國王．

萬曆二十三年正月初四日．

발신: 병부
사유: 삼가 성유(聖諭)를 받드는 일입니다.

[병부] 근래 왜적이 조선을 범하여 형세가 위험함을 급히 고하였으니 우리 황상께 근심을 끼쳐 드린 것입니다. (황상께서) 장수에게 명하여 군사를 일으키셨으나 구원하기에 먼 곳이라 병사를 피로하게 하고 군향을 소비하고서야 비로소 영토를 회복하고 생령을 다시 만들었습니다. 관백이 나이토 조안[105]를 보내어 표를 갖추어 책봉을 바라니 뜻은 비록 진실로 간절하나 여전히 너그러이 약속할 수는 없었습니다. 잇달아 조선에서 소(疏)를 갖추어 대신 청한 것으로 인하여, 황상께서 우선 봉왕을 허락하라는 명을 내리셨습니다. 이어서 다시 삼가 성유를 받들어 여러 문무 관원들이 모여 회의하여 자세히 역심(譯審)을 더한 것과 약속으로 정한 것이 자못 모두 명확하였습니다. 본부에서 최선을 다해 담당하였습니다. 제(題)를 올려 성지를 받들었습니다.

[만력제] 저 왜사(倭使)의 역심이 이미 명확하다. 봉명책사(封名册使)는 자세히 의논하여 주문을 갖추어 올리도록 하라. 너희 부에서 먼저 관원을

105) 원문에는 '小西飛'로 기재되어 있다.

차견하여 왜장(倭將)을 선유(宣諭)해서 무리를 모두 이끌고 소굴로 돌아가게 한 다음, 조선 왕의 주문이 이르는 날에 사신을 보내어 가서 왕으로 봉하도록 하라.

[병부] 이를 공경히 받들었습니다. 따라서 제를 올려 관백을 일본 국왕으로 책봉하는 것을 준허 받았으니, 책사(冊使) 2명을 파견하여 나이토 조안과 함께 정월 안에 경사[106]를 출발하여 잠시 요양(遼陽)에 머무르면서 부산에 있는 왜적 무리가 모두 소굴로 돌아가고 조선의 주문이 이르기를 기다린 후에 가서 책봉할 것입니다. 온 세상의 모두가 이를 모르는 이가 없을 것이니 조선을 위한 계책이 아닌 것이 없습니다. 지금 특별히 전담 관원을 보내어 격문(檄文)을 전하니 조선의 군신은 힘써 성심으로 소국을 사랑하시는 황상의 인자한 마음을 우러러 받들어 적당한 배신을 차견하여 앞서 부산에 가서 직접 유키나가[107]를 만나 천조의 은위(恩威)를 유시하고 두 나라가 서로 수호하여 과거의 나쁜 일은 생각하지 마십시오. 저 부산의 왜적이 모두 돌아가고 건물을 불태운 뒤 성지에 따라 사실대로 주보해서 책사가 바다를 건너가 봉왕하는 데 편리하게 할 것이며 절대로 주저하고 의심해서 스스로 후환을 끼치지 말기 바랍니다. 자문이 잘 도착하기를 바랍니다.

이 자문을 조선국왕에 보냅니다.

만력 23년 정월 4일.

---

106) 명나라의 수도를 가리킨다.

107) 원문에는 '行長'으로 기재되어 있다.

27. 回咨

49b-52b(100~106쪽)

朝鮮國王,

爲 欽奉聖諭 事.

萬曆二十三年正月二十八日, 准貴部咨, 前事. 云云. 等因. 准此. 除即選差陪臣司僕寺僉正朴振宗, 跟同貴部差官婁國安, 前往釜山, 探視倭賊情形. 去後二月二十七日, 回據陪臣朴振宗狀啓.

臣敬蒙差委, 跟同兵部差官婁國安, 本月初十日巳時, 進到熊川賊營. 有平行長中軍倭無羅也叱知, 出來迎接. 先問說天使何時出來. 臣回說, 俺起程時聽得, 天使於本月盡頭當到遼東. 隨有倭衆多寡不等, 陸續來問, 臣回說如前. 各倭或微笑不信, 或抵堂喜躍. 十一日, 行長令通事倭要時羅等邀差官婁國安及臣, 迎入廳裏. 有玄蘇・平調信預焉. 行長令要時羅問說, 爲因甚事來到這裏. 臣回說, 俺蒙兵部石爺分付, 來看你們進退耳, 更無別樣勾當. 俄而行長進酒勸飮, 打話移時而罷. 本日及十三日, 行長與婁國安, 連次打話. 臣向婁國安探問, 有甚說話. 本官回稱, 行長問俺出來緣由, 俺回說, 聖上既已准封, 沈參將多帶人馬,先天使出來，兵部石爺差遣俺等曉諭你們，先令撤兵過海．又移咨朝鮮國，著差陪臣一員，跟我同來，看覰你們動靜，以憑轉奏，以便天使進前．你們能欽遵聖諭，撤兵渡海，則事當易就．行長回說，自平壤至釜山，一遵天朝約束，不敢違背，俺不是欽遵聖旨者乎．今次大人又講撤回勾當，非不欲登時渡海，但念大軍進退，不可容易．煩乞大人先回部裏，催送沈參將，俺等當先撤兵，仍留待候天使，一時渡海．俺回說，你們以天使來否，爲之進退，俺回報石爺催送沈參將等情．聽此．十五日，有平調信向臣說稱，俺等虛費粮餉，苦留海上，委無他意，只爲等待天使，渴望之情，豈啻若赤子之望乳母．況俺等身投異國，四年從戎，人情孰無父母妻子之念．天若不邺，俺等使不得生還故土，則冤結心曲，何時乃已．煩乞大人爲俺等善爲區處．臣回說，天朝念本國累世忠勤，視同內服，故發兵運餉，極力拯濟．至於准封一事，係是天朝恩典，原非下邦所敢容贅．說罷，臣在賊營時，看得上下倭衆，並皆怨苦久留，等待天使，似出眞誠．等因．

具啓．得此．隨該貴部差官婁國安，遆送賊酋平行長書一紙．該寫，日本先鋒豊臣行長，謹啓朝鮮國禮曹大人閤下．天朝兵部尙書石老爺，差婁國安及馮堂等，宣諭封事實信．貴國命官一人，護送入營，爲天朝存忠誠，爲日本修舊好，幸甚．日本於天朝，篤恭順，求册封，候天使者，三霜于玆矣．天朝人嫌疑未解，時時差人，示撤兵之事．行長先是三年，沈遊擊入平壤結約以來，無一違約，分界不超之．退王京到釜山，脫淸正手，還王子及陪臣．今雖在浦浦，不犯貴國封彊，運日本糧用度，只蘇渴是貴國溪水而已．若非候天使，爭徒滯浦浦乎．天朝人疑心未休者何也．伏望貴國上書兵部老爺，先差沈遊擊入營相議，俾天使進營，乃是貴國平安倭兵還國良策也. 勿怠勿怠. 餘期嗣音等情. 得此. 查照, 先該本月初二等日, 節據遊擊將軍陳伺候陪臣李時發等狀啓, 及節准本府咨, 俱係諭倭撤兵等勾當. 已經備將前因, 咨請遼東都司, 轉報貴部及総督軍門. 去後, 今該前因, 當職竊照, 所據陪臣朴振宗原曉賊情查, 與陪臣李時發等狀啓, 及遊擊將軍陳咨內事理相同. 其等待天使之說, 似係的確. 而顧其姦拗, 不念天朝大體, 輒以喫哄諉, 必要先見的信, 然後方爲撤回. 變詐之情, 雖不可料測, 而原其實意, 似或在此. 所有賊將平行長原投本國一紙, 旣是貴部差官婁國安遆傳文字, 而係關賊情, 仍將原書搭封, 同回咨賫付本官送呈貴部外, 爲此, 合行移咨, 請照驗轉達區處施行. 須至咨者.
右咨兵部.

萬曆二十三年三月初八日

발신: 조선국왕
사유: 삼가 성유를 받드는 일입니다.

[조선국왕] 만력 23년 정월 28일 귀부로부터 보내온 자문을 받으니, 「전사[108]에 대한 것입니다. 운운」라고 하였습니다. 이를 받고 즉시 배신 사복시 첨정 박진종을 선발하여 누국안을 따라 부산으로 가게 하여 왜적의 정형을 정탐하게 하였습니다. 그 후 2월 27일, 배신 박진종의 장계가 올라왔습니다.

[박진종] 신이 병부 차관 누국안을 따라 가라는 임무를 받들어 본월 10일 사시에 웅천 왜적 진영에 도착했습니다. 다이라노 유키나가[109]의 중군왜

108) 본 문서의 사안인 '爲欽奉聖諭事'를 가리킨다.

무라 야질지가 나와서 영접했습니다. 먼저 천사(天使)가 언제 나오는지 물어보았습니다. 신은 답하기를, "내가 출발할 때 들었는데, 천사는 이달 말에 요동에 도착한다고 하였다."라고 하였습니다. 이어서 왜적의 무리가 많고 적음을 불문하고 계속 와서 질문했으나 신의 답은 전과 같았습니다. 왜인들 중에 혹자는 미소를 지으며 믿지 않았고 혹자는 기뻐 날뛰기도 하였습니다. 11일, 유키나가가 통사왜 요시라 등으로 하여금 차관 누국안과 신을 맞이하게 하여, 청(廳) 안으로 영접하였습니다. 겐소(玄蘇)[110]와 야나가와 시게노부[111]가 참여하였습니다. 유키나가가 요시라에게 "무슨 일 때문에 여기에 오게 되었습니까?"라고 묻게 하였습니다. 신이 답하기를 "나는 병부 석야의 분부를 받들고 너희들의 진퇴여부를 확인하러 왔을 뿐이며 다른 이유는 없다."라고 답했습니다. 갑자기 유키나가가 술을 권하여 마셨고 이야기를 이어가다가 파하였습니다. 본일(11일)과 13일, 유키나가가 누국안과 함께 여러 차례 대화하였습니다. 신이 누국안에게 탐문하기를 "어떤 대화를 하였습니까?"라고 하였습니다. 본관(누국안)이 답하기를 "유키나가가 나에게 나온 연유를 묻기에 내가 답하기를 '성상께서 이미 책봉을 준허하셨고, 심참장[112]은 인마를 많이 거느리고 천사에 앞서 나오므로 병부의 석야가 우리들을 보내어 너희를 효유하여 먼저 철병하여 바다를 건너가게 하였다. 또 조선국에 이자하여 배신 한 명을 차견하여 나를 따라 함께 와서 너희들의 동정을 살펴서 전주(轉奏)의 신빙성이 있게 하여 천사의 전진을 편하게 하려는 것이다. 너희들이 성유를 받들어 철병하여 바다를 건넌다면 당연히 일이 쉽게 성취될 것이다.'라고 했습니다. 유키나가

109) 원문에는 '平行長'으로 기재되어 있다.
110) 원문에는 '玄蘇'로 기재되어 있다.
111) 원문에는 '平調信'으로 기재되어 있다.
112) 심유경이다.

가 답하기를, '평양에서 부산에 이르기까지 한결같이 천조와의 약속을 지켰고 감히 위배하지 않았으니 우리는 성지를 받든 것이 아닙니까. 이번에 대인이 또 철수하라고 하시니, 시기에 맞추어 도해하고 싶지 않은 것이 아니나, 다만 대군의 진퇴가 용이하지 않습니다.113) 번거로우시겠으나 대인께서 먼저 병부로 돌아가셔서 심참장을 재촉해 보내 주시면 우리들은 마땅히 먼저 철병하고 이어서 머물러 천사를 기다리다가 일제히 바다를 건너가겠습니다.'라고 했습니다. 내가 답하기를, '너희들이 천사가 오고 오지 않는 것으로 진퇴를 정하고자 한다면 내가 석야에게 회보하여 심참장을 재촉하여 보내게 하겠다.'라고 했습니다."라는 내용으로 말했습니다. 이렇게 들었습니다. 15일, 야나가와 시게노부가 신에게 이야기하기를, "우리들이 양향을 허비하며 힘들게 해상에서 머물고 있는 것은 실로 다른 뜻이 없고 다만 천사를 기다리기 위해서이니, 갈망하는 정이 어찌 갓난아이가 어머니를 바라는 것과 같을 뿐이겠습니까. 하물며 우리들은 다른 나라에 와서 4년 동안 전쟁에 종군했으니 인정이라면 어찌 부모처자에 대한 생각이 없겠습니까. 하늘이 만약 불쌍히 여기지 아니하여 우리들을 살아서 고향으로 돌아가지 못하게 한다면 마음속에 맺힌 원한이 어느 때에 풀리겠습니까. 바라건대 대인은 우리들을 위해서 잘 처리해 주십시오."라고 하였습니다. 신이 답하기를, "천조는 본국의 누대에 걸친 충근(忠勤)을 생각하여 내지와 같이 보고 있기에 군사와 군향을 내어 극력으로 구제해 준 것이다. 책봉을 준허하는 한 가지 일에 이르러서는 천조의 은전에 속하는 것이니 본디 하방(下邦)으로서는 감히 군말을 할 수 없는 것이다."라고 하였습니다. 이야기가 끝나고 신이 적의 진영에 있으면서 상하의 왜적 무리를 살펴보니 모두 오래 머무는 것을 원망하고 고통스러워하였으며, 천사를 기

113) 『再造藩邦志』에는 "而天使來否, 尙未眞的, 故如此遲遲耳"라고 하였다. 신경, 『再造藩邦志』 卷3.

다리는 것이 진심에서 나오는 것 같았습니다.

[조선국왕] 갖추어 올린 장계를 받고 이어서 귀부 차관 누국안이 적추 유키나가의 서신 하나를 보냈습니다. 「일본선봉 도요토미 유키나가[114]가 조선국 예조대인 합하께 올립니다. 천조 병부상서 석노야가 누국안과 풍당(馮堂) 등을 차견하여 책봉의 일이 진실함을 선유했습니다. 귀국이 관원 한 명에게 (누국안 등을) 호송하여 진영으로 들어오게 하여 천조를 위해서는 충성을 보존하며 일본을 위해서는 옛 우호를 닦으려 하니 매우 기쁩니다. 일본은 천조에 공순함을 닦으며 책봉을 구하였고 천사를 기다린 것이 세 번 서리를 맞기에 이르렀습니다. 천조인의 의심은 풀리지 않았고 때때로 사람을 보내어 철병을 확인하였습니다. 유키나가는 3년 전 심유격이 평양에 들어와 약속을 맺은 이래로 한 번도 약속을 어기지 않았고 경계를 넘지 않았습니다. 왕경에서 퇴각하여 부산에 이르러 기요마사[115]의 손에서 벗어나게 하여 왕자와 배신을 돌려줬습니다.[116] 지금 비록 여러 포구에 머물러 있으나 귀국의 봉강을 침범하지 않았고 일본의 군량을 싣고 와서 사용하고 있으며 다만 갈증을 풀 때만 귀국의 계곡 물을 씁니다. 만약 천사를 기다리는 것이 아니라면 어찌 여러 포구에만 체류하겠습니까. 천조인의 의심이 끊이지 않는 것은 무엇 때문입니까. 바라건대 귀국이 병부 노야께 글을 올려 먼저 심유격을 진영에 들여보내어 천사가 진영에 오게끔 상의하게 하는 것이 바로 귀국이 평안해지고 왜병이 나라로 돌아가는 좋은 계책입니다. 게을리하지 마소서, 나머지는

---

114) 원문에는 '豊臣行長'으로 기재되어 있다.

115) 원문에는 '淸正'으로 기재되어 있다.

116) 가토 기요마사가 회령에서 조선 반민 국경인으로부터 넘겨받아 구류하고 있던 임해군·순화군과 그 일행을 가리킨다. 기요마사는 함경도에서부터 줄곧 이들을 포로로 삼고 있었다. 그러나 1593년 4월 도요토미 히데요시가 강화교섭의 조건 중 하나로 송환을 명령하였고, 부산에 체류하던 왕자 일행은 7월 이후 송환되었다. 이 송환에는 고니시 유키나가의 의견이 개입되었을 가능성이 있다.

소식을 기약하겠습니다.」라는 내용의 전사에 대한 것입니다. 이를 받고 조사해 보니 앞서 본월 2일 등 날짜로 송부된 유격장군 진(운홍)의 사후 배신 이시발 등의 장계 및 본부의 자문을 차례로 받았는데, 모두 왜군의 철병을 유시하라는 것 등의 일이었습니다. 이미 전인(前因)과 관련해서 갖추어 요동도사에게 귀부와 총독군문에 전보하기를 자문으로 요청하였습니다. 이러한 조치를 다한 후 위의 자문을 받고서 당직이 살펴보니, 앞서 언급한 배신 박진종이 원래 적정을 조사한 일과 배신 이시발 등의 장계 및 유격장군 진(운홍)의 자문 내의 내용이 서로 동일하였습니다. 그들이 천사를 기다린다는 설은 적확한 듯합니다. 그러나 그 간요(姦拗)함을 보건대 천조의 대체(大體)를 생각지 않고 번번이 끽공을 핑계 대니 반드시 먼저 확실한 소식을 접한 후에야 철회할 것입니다. 변사(變詐)한 정형을 비록 헤아리기 어려우나 그 실상의 근원을 생각해 보면 여기에 가까운 듯합니다. 적장 유키나가가 원래 본국에 보낸 서신 하나는 이미 귀부 차관 누국안이 문자로 전송한 것이나 적정에 관계된 것이므로 덧붙여 원서를 탑봉해서 회자(回咨)와 함께 본관에 부쳐 보내어 귀부에게 송정(送呈)하는 외에, 이에 마땅히 자문을 보내니, 청컨대 살펴 전달하고 처리해 주십시오. 자문이 잘 도착하기를 바랍니다.

이 자문을 병부에 보냅니다.

만력 23년 3월 8일.

28. 陳千摠揭[117)]

52b-55a(106~111쪽)

千總陳良璣, 叩馬拜啓. 恭有朝鮮, 乃神京東翰, 屬國名邦. 代有賢君確守封藩之典, 官無倖位, 民濡鼓腹之仁. 文獻可稱, 衣冠足尙, 亦庶幾乎比屋可封之俗也. 邇者島夷侵侮直抵平壤, 盖由承平日久, 人不知兵. 事聞, 天子震怒, 以爲蠢爾狂悖之小夷, 毒我詩禮之屬國, 命將提師, 取復全境. 諺云與旣騁而制之爲有功, 孰若因其未騁而制之爲無迹. 設本國先此而爲之備焉, 倭奴雖狡, 亦將如之何哉. 卽如嘉靖三十一年起至三十六年, 屢犯東浙, 亦動王師以殲戮之. 繼命戚參將訓鍊浙兵, 不久而人皆驍悍, 處處皆兵. 賊夷侵寇, 不終朝而蕩滅無遺, 賊畏兵如畏虎, 號曰戚虎兵. 續後再不敢侵犯浙江矣. 三十七四 · 十一二等年, 復侵犯福建. 事聞, 天子亦命戚總兵提浙師徃勦, 一鼓而平林德 · 興化, 再鼓而平平海等處. 尋因客兵路遠費繁, 又防不可撤, 召募土兵以練之, 然未幾, 賊無論多寡, 犯則勦戮, 亦不敢再窺福建矣. 今本國之受毒, 其繼浙閩而再見者也. 法

117) 조선은 손광에게 군사 교사를 요청했다. 이에 명군 측은 1595년 천총 진양기, 파총 주호, 진백기 등을 파견했다. 진양기 등은 속오군 제도 등을 전수하였다. 『宣祖實錄』 卷60, 宣祖 28年 2月 己巳(26日); 『宣祖實錄』 卷60, 宣祖 28年 2月 癸酉(30日); 『宣祖實錄』 卷64, 宣祖 28年 6月 庚午(29日); 『宣祖實錄』 卷72, 宣祖 29年 2月 甲寅(17日).

云無恃其不來，恃吾有以待之，無恃其不攻，恃吾有所不可攻也．稽之上古以田賦出兵，寓兵於農．故耕耘不廢業，戰守不乏人，殆至商鞅，始廢井田而兵農遂分爲二矣．良可慨哉．夫農出粟以養兵，兵出力以衞民．在中夏猶之可也．地廣民稠，奄有海內東南財賦，足以供西北之戎馬．民則專種，兵則專食，兩不相妨．以朝鮮視之，輻輳不過數千里地，雖頗廣而民實稀，若以兵農爲二，恐專農則無兵，專兵則無農矣．璣[118]竊以爲，孰若效古田賦出兵之法．合兵農爲一，雖不能都·鄙盡，如其制繼師，其大略無不可者．辟之平壤一府，計田若干籍兵若干，合爲一處，操三歇七，操五歇十，雖地有遠近，操日少而歇日多，亦可謂不妨農務耳．餘皆倣此而行，不久則兵强藝熟，處處皆兵，人人可用，復何患國小而兵疲乎．昔後漢先主之王蜀也,[119] 孔明爲相國，雖小民以勤儉富民，雖寡兵以節制强，道德爲城池 禮義爲干櫓，吳·魏視蜀不過殫丸之地，而與蜀鼎足者良有以也．況朝鮮素稱詩書之國，禮義之邦，尊君親上，死長之義也，知之熟矣．況今國主殿下仁明英武，協心如吏曹判書李德馨，忠藎耿耿，國爾忘家，尤爲一國之偉望，匡時之柱石也．又何島夷之足患哉．璣[120]區區管見，旣蒙咨取來國，遇以優禮，寢食靡寧．至於分所當爲者，不敢不殫竭心力，以期無負任使，略陳愚悃以達左右．不知冒瀆，伏望垂亮，幸甚幸甚．

천총 진양기가 말고삐를 잡고 배계합니다. 조선은 신경(神京)의 동한(東翰)이며 속국 중 명방(名邦)입니다. 대대로 현군이 있어 번방을 지켜 온 고사가

118) 발신자인 진양기를 가리킨다.

119) 유비(劉備, 161~223)를 가리킨다.

120) 진양기를 가리킨다.

있고 관원은 요행으로 직위를 얻은 이가 없었고 백성은 어진 다스림을 향유했습니다. 문헌은 칭송할 만했고 의관은 우러를 만했으니 집집마다 상을 주어도 마땅할 풍속에 가까운 것입니다.[121] 근래에 가까운 섬 오랑캐가 침모하여 바로 평양에 이르렀으니 대개 승평한 날이 길어지자 사람들이 전쟁을 모르게 되었기 때문입니다. 이를 듣고 천자께서 진노하였는데, 꿈틀대는 광패한 소이(小夷)가 우리의 시와 예의[122]를 지키는 속국을 침독한 것이라 하여 장수에게 명하여 병사를 이끌고 전토를 회복하게 하였습니다. 속언에 이미 달리는 말을 제어하는 것은 공(功)이지만 달리기 전에 제어해서 흔적 없이 하는 것만 못하다고 했습니다. 본국이 이에 앞서 방비를 했다면 왜노가 비록 교활하더라도 어찌할 수 있었겠습니까.

즉 가정(嘉靖) 31년에서 36년에 이르기까지 동쪽 절강을 수차례 침범해서 또한 황제의 군사를 일으켜 섬멸한 일이 있습니다. 이어서 척참장[123]에게 절강 병사를 훈련하도록 하여 오래지 않아 사람들이 모두 효한(驍悍)해졌고 곳곳이 모두 병사가 되었습니다. 왜적이 침구하자 아침이 되기 전에 탕멸하여 남기지 않았으니 적이 병사를 호랑이처럼 두려워하여 척호병(戚虎兵)이라고 불렀습니다. 이후로 다시는 감히 절강을 침범하지 않았습니다. 37년, 41~42년에 다시 복건을 침범하였습니다. 이를 듣고 천자가 다시 척총병에게 절강 병사를 이끌고 가서 초멸하게 하니 한 번 북소리에 임덕·홍화를 평정하고 재차 북소리에 평해 등처를 평정하였습니다. 객병은 길이 멀고 비용이 번다하고 또 방어하면 철수할 수 없어 토병을 모집하여 훈련하니 얼마 지나지 않아 적의 수에 관계없이 침범하면 즉시 초륙해서 또한 감히 다시 복건

---

121) 요순시대(堯舜時代)를 빗대어 교화가 온 세상에 두루 미쳐 집집마다 모두 봉작(封爵)을 주어도 될 만큼 덕행이 있었던 세상을 말한다. 『漢書』 卷99, 王莽傳 "堯舜之世, 比屋可封".

122) 문명을 뜻한다.

123) 본 문서의 척참장과 척총병은 척계광(戚繼光, 1528~1588)을 가리킨다.

을 엿보지 못하였습니다.

지금 본국이 독화를 입었는데, 절(浙)·민(閩)의 모습을 다시 보는 듯합니다. (병)법에서는 (적이) 오지 않으리라 믿지 말고 내가 대비하는 것을 믿으라 하였으며 공격하지 않으리라 믿지 말고 내가 공격받지 못할 바가 있음을 믿으라고 하였습니다.[124] 살펴보니 상고(上古)에는 전부(田賦)로 병사를 내고 농사로 군대를 유지하게 하였습니다. 따라서 농사는 폐업이 되지 않고 전수에는 사람이 부족하지 않았으나 상앙(商鞅)에 이르러 비로소 정전법을 폐하고 병농이 둘로 분리되기에 이르렀습니다. 참으로 개탄할 일이었습니다. 무릇 농민은 곡식을 내어 병사를 기르고 병사는 힘을 내어 백성을 지킵니다. 중국[中夏]에서는 가능한 일입니다. 땅이 넓고 백성이 빽빽하며 나라 안 동남의 재부가 서북의 융마를 지원하기 족합니다. 백성은 파종에 전념하고 병사는 먹는 데 전념하나 서로 방해하지 않습니다. 조선을 보면 범위가 불과 천리 땅이고 비록 자못 넓어도 백성이 실상 희박하니 만약 병농을 나눈다고 하면 농사에 전념해서는 병사가 없겠고 병사에 전념해서는 농사가 없어질까 우려됩니다. (진양)기가 가만히 생각해 보니 옛 전부출병(田賦出兵)의 법도를 따르는 것이 나을 것 같습니다. 병농을 하나로 하면 비록 경성과 주변을 모두 포괄해서 그 제도로 군사를 이어나갈 수는 없겠으나 그 대략은 안 될 것이 없습니다. 평양 한 부를 예로 들자면, 밭과 병사를 약간씩 계산해 한곳에 두고서 세 번 조련하고 일곱 번 쉬며 다섯 번 조련하고 열 번 쉬면 비록 지역에 원근이 있더라도 조련하는 날은 적고 쉬는 날은 많으니 또한 농업에 방해가 되지는 않을 것입니다. 나머지(지역)는 모두 이를 따라 시행하면 오래지 않아 병사는 강해지고 기예는 숙련되어 곳곳에 모두 병사가 있고 사람들을 모두 쓸 수 있을 테니 어찌 또다시 나라가 작다고 병사를 곤고하게 하

124) 『손자(孫子)』, 「구변편(九變篇)」을 가리킨다.

는 걱정이 있겠습니까.

옛날 후한 선주가 촉(蜀)의 왕을 할 때 공명(孔明)이 재상이 되어 비록 백성이 적었지만 근검으로 백성을 부유하게 하였고 비록 병사가 적더라도 절제함으로 강하게 하면서 도덕을 성지로 삼고 예의를 방패로 삼았기에 오와 위가 보기에 탄환에 불과한 땅임에도 촉과 정립(鼎立)한 데는 충분히 이유가 있었습니다. 하물며 조선은 원래 시서(詩書)의 나라이자 예의의 나라로, 존군(尊君)하고 친상(親上)하여 윗사람을 위해 목숨을 바치는 의리가 있음을 익숙히 알고 있습니다. 더구나 나라의 임금이신 전하께서는 인명영무(仁明英武)하시어 이조판서 이덕형과 협심하셔서 나랏일에 진력을 다하심이 밝게 빛나며 나라를 위해 집은 잊었으니 한 나라의 위망이며 시대의 주석입니다. 또한 어찌 섬 오랑캐가 우환이 되겠습니까.

(진양)기의 구구한 관견(管見)으로, 이미 자문을 받들어 귀국에 오게 되어 후대를 받았으니 걱정이 많이 됩니다. 직분상 마땅히 해야 할 일에 있어서는 감히 마음을 다하여 맡은 임무를 저버림이 없도록 기약하지 않을 수 없으며 대략 어리석은 생각을 진달합니다. 모독이 될까 모르겠으나 바라건대 살펴 주신다면 다행이겠습니다.

29. 回揭

55a-55b(111~112쪽)

示諭勤至，良深感銘. 敝邦雖壤地褊少，猶足以自強，而一遭寇亂，淪陷至此. 正坐平日，狃安忘戰，不能先雨綢繆之故. 來帖所云，極是極是. 兵農合一之論，亦深有所見當，爲留念. 更願竭誠殫技於操鍊之事. 使敝邦得爲懲前毖後之圖，如有所懷，繼此而屢言之，亦所樂聞也. 館穀不腆，常以爲恨. 乃有優遇之示，令人慚靦. 幸惟盛亮.

보여 주신 유시가 지극히 간곡하니 깊이 감명하였습니다. 폐방(敝邦)이 비록 영토가 편소하지만 오히려 족히 자강할 수 있었으나 한 번 왜구의 난을 만나자 무너져 여기에 이르렀습니다. 바로 평상시에 안일함에 빠져 전쟁을 잊은 것으로, 비가 내리지 않을 때 미리 빈틈없이 준비하지 못했기 때문입니다. 보내 주신 첩문에서 말하신 바가 극히 옳습니다. 병농합일론 역시 심히 마땅하니 유념하겠습니다. 조련하는 일에 정성과 능력을 다해 주시기를 재차 바랍니다. 폐방이 과거로부터 교훈을 얻어 앞으로 실수를 경계할 수 있도록 생각하는 바를 이후로도 누차 말씀하신다면 또한 기꺼이 듣겠습니다. 관곡이 충분치 않아 늘 한스럽습니다. 그래도 우대해 주심이 저를 부끄럽게 합니다. 두터이 살펴 주시면 다행이겠습니다.

30. 布政咨會封倭善後
55b-59a(112~119쪽)

欽差分守遼海東寧道兼理邊備屯田山東布政司右參議楊,
爲 欽奉聖諭 事.

蒙欽差總督薊遼保定等處軍務兼理粮餉經略禦倭兵部左侍郎兼都察院右僉都御史孫題, 前事. 等因. 又該巡按遼東地方贊理軍務兼管備倭都察院右僉都御史李題, 同前事. 俱奉聖旨.

該部知道.

欽此. 欽遵. 通抄送司, 案呈到部.

爲照, 東倭封事. 節蒙聖論, 會集多官, 將倭使研加譯審, 既悉其始末之情形, 又訂以三事之約束. 復論, 令釜倭盡退而往封, 及詳議册使封名, 以上請天語, 諄諄不啻, 詳且愼矣. 顧督撫身任封疆戰守之事, 乃其專責善後之策, 委當預講據議. 欲先調海防營浙兵, 督同朝鮮協守. 愼選使臣論倭盡退往封, 降倭之願留朝鮮, 分發安插, 謝恩之船隻·人·器限以數目, 更與求堅誓盟, 抗違必剿. 且令道臣親往稽查料理, 福建撫臣遣人密探無非虞夷情之變詐. 欲愼始以善終，皆於封事有裨．除使臣已經題，遣釜倭已行宣諭，三事約束業已責之，使臣俱無容議．但封日本所以保朝鮮，亦以省我兵餉也．今調浙兵恊防，必須朝鮮自備行月本折粮餉，斯在我無糜費之虞，在彼獲久戍之益．旣經具題前來，相應的議覆請合候命下，移文遼鎭督撫衙門，先行朝鮮國王豫備粮餉報完量，調浙兵前去恊防，不得如前劉綎兵粮餉，全靠天朝，以致虛糜難繼．其日本謝恩人船器具，除使臣外，人不得過三百，船不得過三隻，先到對馬島，候旨定數進去．分守參議楊，表裏忠誠，思周慮遠堪，以委用責令前往朝鮮，俟沈惟敬宣諭倭衆悉退，柵房燒燬，查照題議事理，逐一覈勘，果否是實．若有投降倭衆與被脅朝鮮人民，俱會同該國，從便安插招撫．其險要所在，皆責彼兵防守．與凡一切善後事宜，從長議處，務期沿海一淸，永絕後患．事完叙錄使臣往日，夷情果係安妥，應否撤兵，臨時議請．至若福建濱連大海地界日本，該省巡撫自當隨宜偵探防禦，不必一一題報，以致煩擾．仍申飭沿海一帶，選將練兵，積粮治器，一應戰守事宜，照常修擧以備不虞，毋得因封遂爾懈弛．統惟聖明裁奪．臣等遵奉施行．等因．

萬曆二十三年正月初八日，太子太保本部尙書石等　具題．初十日，奉聖旨．

俱依議行．

欽此．欽遵．擬合就行．爲此，合咨前去，煩照本部題奉欽依事理，查照施行．等因．

准此．案照，已經會題．去後，今准前因．擬合就行．爲此，案行本道，照案，備該部覆奉欽依內事理，前往釜山等處，俟沈惟敬宣諭倭衆悉退，柵房燒燬之後，逐一覈勘，果否是實．若有投降倭衆與被脅朝鮮人民，俱會同該國，從便安插招撫．仍踏勘各島浦，如係險要，卽令彼兵防守．仍會同將該國武備，加意振飭，凡抽兵·派餉·生聚·訓練，與夫一切善後事宜，俱從長議處，具報施行．

蒙此．擬合就行．爲此，合咨前去，煩將後開應同議處事宜，速爲料理預備停當，希先咨復本道，以憑親詣會同議處施行．須至咨者．

計開

一．預備天朝前項協防兵馬，本折糧餉，是否充盈，取給何處，先將的數，查明回復．

一．投降倭衆與被脅朝鮮人民，作何招撫，作何安插，先議緣由回復．

一．踏看各島浦險要，計有幾處，卽今有兵若干，何官統領，作何防守，一面預爲料理，先將地名及防守機宜回復．

一．該國各項武備，近日有無加意振飭，凡抽名·派餉·生聚·訓練，與夫一切善後事宜，一面預爲料理，一面逐欵開復，以憑親詣會同議處．

一．中國往來差遣員役，有無指稱騷擾，見今或尙有留駐爲害地方者，查明密報，以憑臨時拏處．

一．該國沿途公館·衙門，煩爲量行修整潔固，以便經臨駐宿．

右咨朝鮮國王．

萬曆二十三年二月初五日．

발신: 흠차분수요해동녕도겸리변비둔전산동포정사우참의 양(호)
사유: 삼가 성유(聖諭)를 받드는 일입니다.

[양호] 전사[125]에 대한 흠차총독계요보정등처군무겸리양향경략어왜병부좌시랑겸도찰원우첨도어사 손(광)의 제본을 받았습니다. 또한 순안요동지방찬리군무겸관비왜도찰원우첨도어사 이가 같은 전사에 대해서 제본을 올렸습니다. 함께 성지를 받들었습니다.

[만력제] 해당 부서에 알리도록 하라.

[병부] 이와 같이 공경히 받들어 삼가 준행해야겠습니다. 두루 초출하여 직방청리사에 보냈고 안정이 본부에 도착하였습니다.

[직방청리사] 동쪽의 왜를 책봉하는 일을 다시 살펴보았습니다. 수차례 성유를 받들어 여러 관원이 모여 왜사(倭使)를 자세히 역심하여 이미 그 시말의 정형을 밝혔고 또한 세 가지 약속[126]을 정했습니다. 다시 유시하셔서 부산의 왜적으로 하여금 모두 돌아가게 한 후에 가서 책봉을 하고 책봉사와 책봉의 명칭을 상세히 의논한 후에 황상께 여쭙는 것이 순순(諄諄)할 뿐만 아니라 상세하고 신중한 일일 것입니다. 고독무(고양겸)는 봉강에서 전수하는 일을 맡아 이에 선후(善後)[127]의 계책을 전적으로 맡았으니 실로 마땅히 논의에 의거하여 미리 강구해야 했습니다. 해방영(海防營)의 절강 병사를 우선 조발하고자 한다면 조선을 독려해서 함께 지키도록 해야 합니다. 신중히 사신을 선

125) 본 문서의 사안인 '爲欽奉聖諭事'를 가리킨다.
126) 첫째는 군사가 모두 바다를 건너 소굴로 돌아가고 한 명의 병사도 부산에 머무르지 않을 것, 둘째는 책봉만 구하고 조공을 요구하지 않을 것, 셋째는 영구히 조선을 침범하지 않을 것의 원칙으로 구성됐다. (一事則兵盡渡海歸巢, 一兵不留釜山. 一則但求封不求貢. 一則永不犯朝鮮). 신경, 『再造藩邦志』 卷3.
127) 적절한 사후조치를 의미한다.

발하여 왜적에게 모두 돌아가도록 유시하고 가서 책봉할 것이며 항왜 중에서 조선에 머무르고자 하는 자는 나누어 발송하여 안삽하고 사은하는 선척·사람·기구는 수목을 한정하되 다시 굳은 서약을 맺도록 해서 위반한다면 반드시 초략하도록 하십시오. 또한 도신(道臣)으로 하여금 친히 가서 조사 후 조치하게 하고 복건의 무신(撫臣)으로 하여금 사람을 보내어 비밀리에 오랑캐의 정상이 요변스럽게 행동하는 점이 있는지 여부를 정탐하게 하십시오. 처음부터 신중하고자 해야 비로소 끝이 좋아지니 모두 책봉에 있어 도움이 될 것입니다. 제본을 통해 사신으로 하여금 부산의 왜인을 이미 선유하도록 하셨고 세 가지 약속에 대해서도 이미 책령하신 것 외에, 사신이 더 의논할 것이 없습니다.

다만 일본을 책봉하여 조선을 보호하는 일은 역시 우리의 군량을 줄이는 것입니다. 지금 절강 병사를 조발하여 협방하게 하면 반드시 조선이 스스로 매월 본향과 절향을 마련해야 하는데, 이는 우리에게는 비용을 허비하지 않게 하고 저들에게는 오랫동안 방어할 수 있는 이익이 있습니다. 이미 제본을 올렸으니 마땅히 적확한 의복(議覆)을 거쳐 황제께 명령을 청하고 명령을 기다려 요진의 독무 아문에 이문해서 미리 조선국왕으로 하여금 군량을 미리 갖추어 완량(完量)을 보고하게 하고 절강 병사를 조발하여 가서 협방하게 함으로써 이전과 같이 유정이 군량을 전적으로 천조에 의지하여 헛되이 소비하고 이어대기 어려웠던 사태에 이르지 않게 하십시오. 일본의 사은(謝恩)하는 인원·선척·기구의 경우는 사신 외에 인원이 300명을 넘지 않게 하고 선척이 3척을 넘지 않게 하며 먼저 대마도에 도착한 후 명령을 기다려 수를 정하여 전진하게 하십시오.

분수참의 양(호)는 겉과 속이 충성스럽고 생각이 두루 멀리 깊이 미치니 임무를 맡겨 조선으로 가서 심유경이 선유하여 왜적 무리에게 모두 물러가도록 하고 (진영의) 건물을 불태워 없애게 한 뒤 제본을 올려 논의할 사리를 살펴 시행 여부를 하나하나 사실인지 아닌지 철저히 조사하도록 하십시오. 만약 투항한 왜인 무리와 위협을 당한 조선 인민이 있으면, 모두 해국과 회동하여 편의에 따라 안삽하고 초무하게 하십시오. 험요지는 모두 저들의 병력으로 방수하게 하십시오. 그와 함께 무릇 일체의 선후 사의는 나은 것을 따라 의논하고 처리해서 연해를 깨끗이 하여 영원히 후환을 끊기를 힘쓰게 하십시오. 일이 끝나 사신이 가게 되는 날 오랑캐의 정형이 안정된다면 철병 여부는 때가 이르면 의논하여 청하게 하십시오. 복건 해안이 대해에 연하여 경계가 일본과 연결된 점에 있어서는, 해당 성의 순무가 스스로 담당해서 마땅함에 따라 정탐하여 방어하고 반드시 일일이 제보하여 번거로운 소요를 일으키지 않게 하십시오. 덧붙여 연해 일대에 신칙하여 장수를 선발해서 병사를 훈련하며 군량을 모으고 무기를 수선하여 일체의 전수 사의를 평소에 갖추도록 해서 불우한 일에 대비할 수 있게 함으로써 책봉으로 인하여 해이함에 빠지지 않게 하십시오. 성명(聖明)이 판단해서 결정하시기를 바라며 신 등은 받들겠습니다.

[병부] 만력 23년 정월 초 8일, 태자태보본부상서 석(성) 등이 갖춘 제본을 올렸습니다. 초 10일 성지를 받들었습니다.

[만력제] 모두 의논에 따라 시행하라.

[병부] 이와 같이 공경히 받들어 삼가 준행해야 하겠습니다. 헤아려 보건대 마땅히 곧바로 시행해야 하겠습니다. 이에 마땅히 자문을 보내니, 번거롭더라도 본부에서 제본을 올려 받든 성지의 사리에 따라 살펴 주

시기 바랍니다.

[손광] 이를 받고 이전의 처리한 문서를 살펴보니 이미 함께 제본을 올렸습니다. 그 후에 이번의 문서를 받았습니다. 마땅히 곧바로 시행해야 하겠습니다. 이에 본도에 안정을 내리니 안정을 살펴 해부에서 다시 받은 성지 내의 사리를 갖추어 부산 등지로 가서 심유경이 선유하여 왜적 무리가 모두 물러가고 (진영의) 건물을 불태워 없애기까지 기다려 시행 여부를 하나하나 조사하여 사실 여부를 살피게 하십시오. 만약 투항한 왜인 무리와 위협을 당한 조선 인민이 있으면, 모두 해국과 회동하여 편의에 따라 안삽하고 초무하게 하십시오. 이어서 각 섬과 포구를 조사하여 험요한 곳이 있으면 바로 저들의 병사로 하여금 방수하게 하십시오. 덧붙여 해국과 회동해서 무비를 더욱 신칙하는 데 뜻을 더하여 무릇 병사를 선발하고 군량을 보급하며 사람들을 모아 훈련하는 것과 함께 일체의 선후책(善役事宜)을 모두 나은 것에 따라 의논하여 처리하게 하고 모두 보고하도록 하십시오.

[양호] 이를 받고 헤아려 보건대 마땅히 곧바로 시행해야 하겠습니다. 이에 마땅히 자문을 보내니 번거롭더라도 아래에 기재된 마땅히 함께 의논해서 조처할 사의에 대해서 타당한 바를 미리 준비해서 속히 처리하되 바라건대 먼저 본도에 자문으로 회신하셔서 친히 회동하고 의처하는 근거로 삼을 수 있도록 하십시오. 자문이 잘 도착하기를 바랍니다.

첨부 내역

하나. 전항의 천조에서 협방할 병마와 관련하여 예비할 본색과 절색 양향이 충분한지의 여부와 지급할 장소에 대해 미리 수효를 밝혀 조사한 후 회신할 것.

하나. 투항한 왜인들과 위협을 받아 잡혀 있던 조선 인민[128]들을 어떻게 초무하고 어떻게 안삽할지에 대해 미리 의논하고 연유를 회신할 것.
하나. 각 섬과 포구의 험요지를 관찰하여 몇 곳을 선정한 후, 현재 어느 곳에 병사가 어느 정도 있으며 어떤 관원이 통령하고 어떻게 방수할지에 대해서 한 편으로 미리 조처하되 우선 지명과 방수할 기의를 회신할 것.
하나. 해국의 각항 무비가 근일 더욱 진칙(振飭)하는데 뜻을 더하는지, 무릇 선발·군량·양성·훈련 사항과 일체의 선후책을 한 편으로는 미리 조처하고 한 편으로는 일일이 항목별로 열거함으로써 친히 회동해 의처하는 근거로 삼을 수 있도록 할 것.
하나. 중국에서 왕래하는 차견 인원들이 소요를 일으키고 있지 않은지, 지금 주둔하면서 지역에 해를 끼치는 자가 있으면 조사하여 밝히되 비밀리에 보고하여 때에 따라 붙잡아 오는 근거로 삼을 수 있도록 할 것.
하나. 해국 연도의 공관·아문은 번거롭겠지만 헤아려 깨끗하고 견고하게 수리하여 임시로 머무르는 데 편의를 제공할 것.

이 자문을 조선국왕에 보냅니다.

만력 23년 2월 5일.

128) 일본군 주둔 지역에 (강제적으로) 머물러 있던 조선인을 가리키는 것으로 보인다.

31. 回咨

59a-68a(119~137쪽)

朝鮮國王,

准來咨, 該爲 欽奉聖諭 事. 云云. 等因.

准此. 今將原開應議處置事宜, 逐件查議開坐. 爲此, 合行回咨, 請照驗施行. 須至咨者.

計開

一. 預備天朝前項恊防兵馬, 本·折糧餉, 是否充盈, 取給何處, 先將的數, 查明回復.

前件照得, 小邦粮餉, 則隨其所有, 竭力供辦, 至於魚·菜·鹽醬·折色銀兩, 原非小邦所產. 古往時大兵及留兵, 支餉糧米則用小邦大米, 折銀則上年九月內, 將各軍支銀六錢, 艱難收合, 輸到劉摠兵軍前, 隨便俵給, 而猶不能足. 以本色·魚·菜·鹽醬, 充數以支. 有天朝差官胡參將·沈經歷, 目見小邦艱窘之狀, 轉稟經略軍門, 特與蠲免. 所據折色銀兩, 其非小邦所產, 而原無辦出去處. 糧餉則查照小邦, 自經兵燹, 人民死亡田土拋荒，如京畿·慶尙二道，被禍尤酷，蓬·藋滿目，江原·咸竟二道，非徒田土磽瘠，禾穀不盛，經亂之後，一樣蕩破，稅入全缺．今將耕種地面，應收稅糧數目查照，黃海·平安二道，只可供給往來公差，及該留各撥官軍，不可運到，別處幫助．唯忠淸·全羅二道，除沲東地面被賊殘破者外，其餘郡縣，稍得完全，而節年搬運入力殫竭，上年耕種，纔及往年十分之一．今將往年收過稅糧總數，不得已經費叩算查除，則該得軍餉纔二萬石零可勾三千兵八箇月粮料，而各該州縣有司及管運陪臣，間有未及收合運完．

一．投降倭衆，與被脅朝鮮人民，作何招撫，作何安插，先議緣由回復．

前件照得，自萬曆二十一年六月以後，陸續招出投降倭衆，及被脅小邦軍民．倭衆則分送小邦西北地面，或轉解總督軍門．被脅軍民則發還原籍州縣，完聚復業．今於本賊既退之後，所招被脅軍民，當查依前例發籍完住，或分送閑曠地面，作屯耕種，以供軍餉，而投降倭衆，非如前日招出投降之比，倘或賊退之後，假稱投降成羣仍住．則竊念，本賊與小邦之人，非其族類，況節年搶殺讎怨已極，如令混在一處，必致亂階．往在洪武·永樂年間，小邦釜山地面，有往來買賣倭戶，至正德年間猝起作亂，小邦沿海·熊川等處人民，並被搶殺．小邦發兵驅逐，僅得寧靜．今若聽其狡計，仍許留住，則是賊雖聲言撤回，而實則猶在境內，不如乘此威靈之遠，被盡數勒還．勿許一倭留住，俾無後悔，不勝幸甚．

一．踏看各島浦險要，計有幾處，即今有兵若干，何官統領，作何防守，一面預爲料理，先將地名及防守機宜回復．

前件照得，慶尙左道，有左牙兵·砲手·義勝等軍三千二百三員名，梢水二百四十名，有本道兵馬節度使高彦伯·水軍節度使李守一，同本道兼忠淸道防禦使權應銖，督同助防將鄭希玄·慶州府尹朴毅長等，駐箚慶州·

密陽等府，長鬐縣海口等處把截．右道，有牙兵·砲手·義勝等軍，三千五百九十六員名，梢水五千六百四十八名，有本道兵馬節度使金應瑞·水軍節度使裵楔，同三道水軍統制使李順臣[129]·全羅道兵馬節度使李時彦·全羅右道水軍節度使李億祺，督同本道助防將郭再祐·金海府使白士霖等，住箚宜寧縣及巨濟洋中閑山島等處把截．又有全羅·忠淸等道，巡邊使李鎰，統領弓·砲等手精銳五百員名，巡住順天府等處，而諸道都巡察使權慄，領牙兵原任牧使朴宗男等，二百九十員名，巡住咸陽等處，節制東西水陸將官．而慶尙左右道如蔚山·機張·東萊·金海·熊川·巨濟等府郡縣，及左右水軍節度使營，釜山·多大·加德·薺浦·玉浦·永登·知世·助羅·安骨·天城·西生·西平等鎭堡，俱係南邊險要島浦，而自萬曆二十年四月以後，俱被本賊攻陷，設築城寨，爲伊屯兵之地．倘蒙天朝威靈，賊衆盡數渡海，此等緊要在處，皆當登時據守，而又使舟師，橫截前洋，與陸軍形勢相連，以防再來，然後庶得制其狂逞．盖小邦前此雖設戰艦，而尤以陸防爲重，壬辰之變，賊船蔽海而來，小邦慶尙原管戰船，數少衆寡之勢，不能相敵，致令登岸，則野戰·守城，皆失其勢．以至於此，其後賊兵從水路屢犯全羅道，小邦舟師諸將李順臣等，合數道兵船一百餘隻，要截於閑山島，凡前後三戰，悉能摧破，賊兵之死於海中者，無慮一萬餘人．以是賊歛縮，不敢更從海路，爲水陸交攻之計，故全羅道至今保全．盖倭雖海賊，非不慣於水戰，特以其船體小，又所恃者鳥銃一技，不載大砲·火箭等器．小邦之船，大於倭船數倍，變後諸將又以意見創造龜船，左右前後皆載天·地等號大將軍砲，賊船之遇者，輒皆破碎，此其勝負已然之勢如此也．故賊退之後，舟船當橫截釜山前洋以防再來，而急於陸地

129) 이순신(李舜臣)을 가리킨다.

險要去處設築城寨, 多備火砲·器械, 且耕且守 爲十年之規, 而與天兵數千協守, 則庶可爲也.

一. 該國各項武備, 近日有無加意振飭, 凡抽名泒餉生聚訓練, 與夫一切善後事宜, 一面預爲料理, 一面逐疑開復, 以憑親詣會同議處.

前件照得, 小邦兵農不分, 寓兵於農, 其守衛京城者, 分爲八班, 一年一上班, 其守邊者, 分爲四班, 數箇月一遆. 其在國初, 猶可以制禦外, 寇賊不敢侵突, 二百餘年矣. 昇平日久, 人心觧弛, 軍政廢墜, 猝遇勍寇, 不能抵敵, 邊城一破, 內外震動, 人皆荷擔奔走, 土崩瓦解. 故旬月之間, 賊至京城而莫禦, 雖由人謀不臧, 亦時勢使然也. 今於破滅之餘, 懲創往事, 圖毖後患, 則必使兵則爲兵而日事操練, 農則爲農而以備蓄積, 然後生聚與訓練始可言也. 小邦壤地褊小, 財賦所出, 只有慶尙·全羅二道爲最, 其次則忠淸道而已. 常時經費及軍餉, 皆倚於此. 壬辰之變, 慶尙道最被賊禍, 而其餘諸道, 一樣蕩破. 加以賊退之後, 艱難拮据, 供給天兵, 今已三年於此矣. 雖有全羅數十餘邑, 梢免兵禍, 而調度徵發之餘, 人力殫竭, 流亡殆盡, 餓莩滿野, 數千里內, 萑莽極目. 公私罄竭, 更無措辦粮餉之路. 故今之所患者, 無食爲急而無兵次之. 若有食則數萬軍兵, 猶可召募也. 夫有食然後有兵, 有兵然後可以操練, 操練然後可以禦敵. 今旣無食則雖有善策, 將安所施. 此小邦之所以日夜皇皇不知所出者也. 今天朝曲念小邦之勢, 以准封一事, 羈縻倭賊, 約束渡海. 此計若行小邦境內, 孑遺之民, 得於今年梢事耕種, 以備數萬軍一二年之食, 則庶幾憑藉寵靈, 以圖後日之效, 不敢怠慢. 所患者賊又持久不退, 蹉過耕農之節, 則本年農事已可知矣. 此小邦所以無以爲計, 從前以請粮之事, 陳瀆天朝者也. 所有各項武備, 小邦從前只習弓矢之技, 與倭奴鳥銃長短不能相及. 至於槍刀之技，皆出其下，所以屢戰皆敗．今於京城及各道已設敎練之場，收集原獲賊陣鳥銃，及小邦匠役新爲打造者，日夜訓習，往往頗有成才，而堪可登陣．只緣軍食匱竭，不得多聚軍丁，故見在操練軍數，京城則弓砲等手，總計一千三百餘名，其餘各道雖多寡不等，而該有原募操練人數．夫賊兵迫在門庭，有然眉之急，軍士操練之事，草草如此，萬一更爲衝突，則將束手待亡而已．乘此海路·風便之時，急發山東粮餉數萬餘石，轉到都城以救涸轍之急，然後一切善後事宜，皆可料理也．且倭賊本以通路上國爲名，小邦拒而不受，故受侮至此．今准遼東都司咨，有倭使謝恩者，由對馬島候旨之語．若此則小邦之禍猶在，而後日之患，將有大於今日，亦非天朝逆折奸萌以固藩籬之意也．倭情狡詐，萬端因事起釁，乃其常態．小邦以如此殘破之勢，又爲倭使往來之路，一遭謝恩，猶爲不可其後托稱貢獻，而繼來無已，則將何以待之．容之則招禍，不許則積怨，其爲可虞之勢，不但如前日禍而已．且小邦接連遼·薊，中間以鴨綠爲限，只是一衣帶水耳．若使倭奴通路於小邦，則非但小邦之不幸，恐非上國之長策也．往日總督顧題本，雖許倭通貢，定爲十年之限，而路由寧波府．小邦之人，非敢自占便利言也．揆之事勢，實爲如此，此乃機關所係善後事宜，恐無有大於此者．

一．中國往來差遣員役，有無指稱騷擾，見今或尙有留駐爲害地方者，査明密報以憑臨時挈處．

前件照得，自大兵撤回之後，或有落後官軍及客商人等，賫執上司票帖，或稱公差員役，或稱捕捉逃兵，於京城及沿路地面，需索酒食，濫騎站馬，而節蒙經略軍門及總兵劉掛榜禁約，此弊少革．近又無籍棍徒及客商·鋪戶假稱公幹，經過地方，各將州縣驛站官吏·牌夫人等，非理鎖打，逼要紬布等物, 以爲面皮. 甚至擅入民戶, 搶拐頭畜噴劫, 行路掠取裝帶, 緣這人等係是上國軍民, 雖被擾害小邦, 理難査明拿處. 煩乞貴司, 特加矜憫, 就將前項事情, 申飭各該公差員役及往來人等, 一槩鈐束, 毋令尋事勒要擾害地方, 不勝幸甚.

一. 該國沿途公館衙門, 煩爲量行修整潔固, 以便經臨駐宿.

前件照得, 小邦自義州起至京城, 止一千餘里內. 自義州至平壤, 自忠淸至全羅, 沿途公館, 粗得完全, 而其餘州縣站驛, 並被倭賊焚燒, 無一留存. 爲緣小邦民力殫竭, 不得逐一盖造, 只今該管地方, 打造窩鋪, 以待往來公差員役, 及遞撥官軍而已. 今依咨內事理, 卽令沿路州縣等官司, 將各該公館衙門, 修整潔固, 被賊焚燒者, 量發民丁, 隨便盖造. 但恐時月之間, 未及完了, 以致有妨住宿, 以獲譴責是慮.

右咨欽差分守山東布政使司.

萬曆二十三年三月二十一日.

발신: 조선국왕

사유: 보내온 자문을 받으니, 「삼가 성유를 받드는 일입니다. 운운」 했습니다.

[조선국왕] 이를 받고, 원래 문서의 내용에 열거된 마땅히 논의해 조처할 사항에 대해, 사안에 따라 살펴 논의해서 열거했습니다. 이에 마땅히 회답하니, 청컨대 살펴 주시길 바랍니다. 자문이 잘 도착하기를 바랍니다.

첨부 내역

하나. 전항의 천조에서 협방할 병마와 관련하여 예비할 본색과 절색 양향이 충분한지의 여부와 지급할 장소에 대해 미리 정확한 수효를 밝혀 조사한 후 회신할 것.

앞의 건을 살펴보니, 소방의 양향은 확보된 바에 따라 힘을 다해 마련하였으나, 생선·채소·소금과 장·절색 은냥에 이르러서는 원래 소방에서 나오는 산물이 아닙니다. 예전에는 명군(大兵)이 주둔하게 되었을 때 공급한 군량은 소방의 대미를 사용하였고 절은은 지난해 9월 중 각 군에 지은(支銀) 6전을 겨우 수합하여 유충병의 군영에 운송해서 편의에 따라 지급하였으나 오히려 충분하지 않았습니다. 본색과 생선·채소·소금과 장에 이르러서는 충분히 지급하였습니다. 천조의 차관인 호참장[130]과 심경력[131]이 소방의 군색한 정상을 목견하고 경략 군문에 전품하여 특별히 견면(蠲免)해 주셨습니다. 앞서 언급한 절색 은냥은 소방에서 생산되는 바가 아니기에 원래 변통하여 마련할 곳이 없었습니다. 양향과 관련해서 소방을 살펴보니 병란을 겪은 이래 인민이 사망하고 전토는 황폐해졌는데 경기·경상 두 도는 화를 입은 것이 가장 심하여 쑥과 명아주만이 가득하고 강원·함경 두 도는 전토가 메말라 있을 뿐 아니라 곡식도 풍족하지 않은데, 난리를 겪은 후에는 매한가지로 탕파돼 세입이 완전히 비어 버렸습니다. 지금 농사를 지은 지역에서 수세를 할 수 있는 양향의 수목을 살펴보니 황해·평안 두 도는 겨우 왕래하는 공차원 및 파견되어 머물고 있는 관군에 공급할 수 있으나 운반하여 다른 곳을 도울 수는 없습니다. 오직 충청·전라 두 도는 적의 피해를 입어 잔파한 동쪽 지역을 제외하고 나머지 군현이 간신히 완전하나 다년간 운반하는 데 힘을

130) 호택(胡澤, ?~?)을 가리킨다.

131) 심사현(沈思賢, ?~?)을 가리킨다.

다 써 지난해 파종이 그 전의 10분의 1에 간신히 미칩니다. 지금 왕년의 수세량 총수에서 부득이한 경비를 계산하여 제하니, 2만 석으로 3천 병력의 8개월 치 군향(軍餉)을 가까스로 채웠으되 각 해당 주현의 유사 및 관운 배신이 간혹 미처 수합해 운반하지 못한 경우가 있습니다.

하나. 투항한 왜인들과 위협을 받아 잡혀 있던 조선 인민들을 어떻게 초무하고 어떻게 안삽할지에 대해 미리 의논하고 연유를 회신할 것.

앞의 건을 살펴보니, 만력 21년 6월 이래로 계속해서 투항 왜인들 및 위협을 받은 소방의 군민을 초출하였습니다. 왜인 무리의 경우, 소방의 서북 지방으로 나누어 보내거나 혹은 총독 군문으로 보냈습니다. 위협을 받은 군민은 원적지의 주현으로 돌려보내어 생업에 복귀하게 하였습니다. 이제 이 적이 이미 물러간 후에는 이전에 위협받은 군민들을 불러 마땅히 조사하고 이전 사례에 따라 원적지로 돌려보내 거주하게 하거나 한광(閑曠)한 지역에 나누어 보내어 둔전을 가꾸게 하여 군향을 바치게 할 것이나 투항한 왜인 무리는 전일에 초출한 투항 왜인과는 같지 않은 부류로 혹여 적이 퇴각한 후에 거짓으로 투항이라 칭하여 무리를 지어 머물러 있는 것일 수 있습니다. 즉 생각해 보건대, 이 적은 소방의 백성들과는 그 족류를 달리하는데 하물며 다년간 (우리를) 창살하여 원수가 된 것이 이미 심하니, 만약 한곳에 혼재하게 하면 필시 난리가 일어날 것입니다. 지난 홍무·영락 연간에 소방의 부산 지역에 왕래하며 매매하던 왜호가 있었는데, 정덕 연간에 이르러 갑자기 난리를 일으켜 소방의 연해와 웅천 등지의 인민이 아울러 창살을 입었습니다. 소방에서는 군사를 내어 쫓아내어 겨우 평정을 찾았습니다. 지금 만약 그 간교한 계책을 들어주어 계속 머무르게 한다면 이 적은 비록 철수한다고 성언하지만 실은 오히려 경내에 머무를 것이니, 위령(威靈)[132]이 멀리 미치는 때를 타고 모두 물러가게 하는 것만 못합니다. 한 명의 왜인도 머무르는 것을 허가하지 않아 후회를 남기지 않게 해 주신다면 큰 다행이겠습니다.

하나. 각 섬과 포구의 험요지를 관찰하여 몇 곳을 선정한 후, 현재 어느 곳에 병사가 어느 정도 있으며, 어떤 관원이 통령하고, 어떻게 방수할지에 대해서 한 편으로 미리 조처하되 우선 지명과 방수할 기의를 회신할 것.

앞의 건을 살펴보니, 경상좌도는 좌아병(左牙兵)·포수·의승군의 군병이 3,203명이고 초수가 240명이며, 본도 병마절도사 고언백·수군절도사 이수일은 본도겸충청방어사 권응수와 함께 조방장 정희현·경주부윤 박의장을 인솔하고서 경주부·밀양부에 주차하며 장기현의 해구(海口) 등처를 파수하고 있습니다. (경상)우도는 아병·포수·의승군의 군병이 3,596명이고 초수가 5,648명이며, 본도 병마절도사 김응서·수군절도사 배설이 삼도수군통제사 이순신·전라도병마절도사 이시언·전라우도수군절도사 이억기와 함께 본도 조방장 곽재우·김해부사 백사림을 인솔하고서 의령현 및 거제 해양의 한산도 등처를 파수하고 있습니다. 또 전라도와 충청도는 순변사 이일이 궁수와 포수 정예병 500명을 통령하고 순천부 등처를 순주(巡住)하고 있으며 제도도순찰사 권율은 아병 원임목사 박종남 등 290명을 인솔하고 함양 등처를 순주하며 동서의 수륙 장관을 절제하고 있습니다. 경상좌우도의 울산·기장·동래·김해·웅천·거제의 부군현 및 좌우수군절도사 (군)영의 부산·다대·가덕·제포·옥포·영등·지세·조라·안골·천성·서생·서평의 진보는 모두 남쪽 변경의 험요한 섬과 포구에 속하는데, 만력 20년 4월 이후 모두 본 왜적의 공격을 받고 함몰한 뒤 왜병들이 성채를 쌓아 둔주지로 삼았습니다.

만약 천조의 위령에 힘입어 왜적 무리가 모두 바다를 건너면, 이 지역들은

132) 명군의 위세를 의미한다.

긴요한 곳이 될 것이니 모두 마땅히 시급히 의지하여 지킬 것이며, 또 주사로 하여금 앞바다를 가로막아 지키게 하고, 육군과 형세가 서로 이어지게 하여 다시 오는 것을 막은 연후에야 그 광령(狂逞)함을 겨우 제어할 수 있을 것입니다. 대개 소방이 비록 이전에 전함을 만들어 왔으나 육지의 방어를 더욱 중히 하였는데, 임진의 변란에 적선이 바다를 메우고 오자, 소방의 경상도에서 원래 관할하던 전선이 중과부적으로 대적하지 못하여 육지로 올라오게끔 했고 야전과 수성에 있어 모두 그 기세를 잃어 버렸습니다. 일이 여기에 이르러 그 후 적병은 수로를 따라 전라도를 누차 범했는데, 소방의 수사 제장 이순신 등이 도의 병선 총 100여 척으로 한산도에서 가로막으며 무릇 전후 세 번 전투를 치러서 모두 격파하여 적병 중에 죽어서 바다에 빠진 자는 무려 1만여 명이었습니다. 이로써 적은 위축되어 감히 다시 해로로 나와 수륙을 함께 공략하는 계책을 쓰지 못했고 따라서 전라도는 지금까지 보전되었습니다. 대개 왜적이 비록 해적이라 수전에 익숙하지 않은 것은 아니나, 특히 그 선체가 작고 또 믿는 바가 조총 한 가지이며 대포와 화전(火箭) 등의 무기를 싣고 있지 않습니다. 소방의 배는 크기가 왜선의 수배이며, 변란 후에 제장들이 또한 의견을 내어 거북선을 만들었는데, 좌우전후에 모두 천·지 등과 같은 대장군포를 싣고서 적선을 만날 때마다 모두 파쇄해 버리니 이것이 바로 승부가 이미 결정된 기세가 이와 같다는 것입니다. 따라서 왜적이 퇴각한 후 마땅히 선박을 부산 앞바다에 가로막아 놓고 다시 오는 것을 막으며 급히 육지의 험요지에 성채를 축성하여 화포와 기계를 다수 갖추어 두고 경작하면서 수비하는 것을 10년의 규식으로 삼아 수천의 명군과 함께 협력해 방어한다면 거의 해결될 것입니다.

하나. 해국의 각항 무비가 근일 더욱 진칙되고 있는지에 대해서 무릇 선발·

군량·양성·훈련의 사항과 일체의 선후책을 위한 사항을 한 편으로 미리 조처하고 한 편으로 일일이 항목별로 열거하여 친히 회동해 의처하는 근거로 삼을 수 있도록 할 것.

앞의 건을 살펴보니, 소방은 병과 농이 분리되지 않아 병사를 농사에 붙여두는데, 그중 경성을 수위하는 자는 여덟 반으로 나누어 1년에 1번 상반하게 하고 변방을 수비하는 자는 네 반으로 나누어 수개월에 한 번 교체합니다. 국초에는 오히려 (그) 제도로서 외침을 막을 수 있어 구적(寇賊)이 감히 침범해 오지 못한 것이 200여 년이었습니다. 승평한 날이 오래되어 인심이 해이해지고 군정이 폐추(廢墜)하여 갑자기 강한 도적을 만나자 대적하지 못했고 변방의 성이 한 번 부서지자 안팎이 진동하여 사람들이 모두 이고지고 도망쳐서 토붕와해 돼 버렸습니다. 따라서 약 한 달 사이에 왜적이 경성에 이르렀어도 막아내지 못했으니, 비록 사람의 꾀가 좋지 않은 데서 말미암았으나 또한 시세가 그러했기 때문입니다. 지금 파멸된 나머지에서 지나간 일을 뉘우치고 후환을 막을 일을 도모하려면 반드시 병사는 병사로서 매일 조련을 일삼게 하고 농민은 농사로서 (양식을) 축적하여 갖추게 한 연후에야 양성과 훈련을 비로소 말할 수 있을 것입니다.

소방은 영토가 편소하여 재부(財賦)가 나오는 바는 다만 경상·전라 두 도가 가장 많으며, 다음으로 충청도일 뿐입니다. 평상시의 경비 및 군향을 모두 여기에 의지합니다. 임진년의 변란으로 경상도가 왜적의 피해를 가장 크게 입었고, 나머지 제 도들이 매한가지로 탕파됐습니다. 더구나 왜적이 퇴각한 후 어렵게 모은 것으로 천병을 공급하였고, 지금 이미 3년이 지나 여기에 이르렀습니다. 비록 전라도의 수십여 읍이 있어 병화를 겨우 면했으나 조도(調度)해서 징발한 나머지 인력이 탄갈되고 유망해서 거의 없어졌고, 굶어 죽은 시체가 들에 가득하며 수천 리 내에 풀만 보입니다. 공사(公私)가 다하여 양향을 다시 마련할 길이 없습니다. 따라서 지금의 근심은 먹을 것이 없는 것이 가장 급한 것이며 병사가 없는 것은 다음의 일입니다. 만약 먹을 것이 있으면 수만의 군병도 오히려 모집할 수 있을 것입니다. 무릇 먹을 것이 있은 연후에 병사가 있으며, 병사가 있는 연후에 조련을 할 수 있으며, 조련을 한 연후에 적을 막을 수 있는 것입니다. 지금 이미 먹을 것이 없다면 비록 좋은 계책이 있더라도 어떻게 시행을 할 것입니까. 이는 소방이 밤낮으로 불안해 해도 답이 나오지 않는 바입니다. 지금 천조가 소방의 정세를 곡진히 생각하여 책봉을 허락하는 한 가지로 왜적을 기미하여 도해를 약속하였습니다. 이 계책으로 만약 소방의 영토 안의 남은 백성들이 올해 겨우 농사를 지을 수 있게 돼 수만 군병의 1~2년 식량을 갖출 수 있다면, 황제의 영명함에 힘입어 후일의 보답을 도모하여 감히 태만하지 않을 것입니다. 근심이 되는 것은 왜적도 오래 버티면서 물러가지 않아 농사 때를 놓치게 되면 본년의 농사는 이미 알 수 있는 것입니다. 이것이 소방이 계획을 세울 수 없어 종전부터 군량을 청하는 일로 천조를 번거롭게 하는 까닭인 것입니다.

가지고 있는 각항의 무비에 대해서는, 소방이 종전까지 단지 궁시의 기예만 익혀서 왜노의 조총과는 길고 짧음을 대적할 수 없었습니다. 창과 칼의 기예에 이르러서는 모두 그들보다 아래인지라 누차 접전에서 모두 패하였습니다. 이제 경성 및 각 도에서 이미 교련장을 설치하고 적진에서 노획하여 수집한 조총 및 소방의 장인들이 새로 만든 것으로 밤낮으로 훈련하고 익히고 있는데, 때때로 자못 재주를 갖추어 진을 만들 만 하기도 합니다. 다만 군량이 궤갈되어 군정을 많이 모을 수 없기에 현재 훈련하는 군병의 수는 경성의 경우 궁수·포수가 총계 1,300여 명, 나머지 각 도에는 비록 숫자가 고르지 않지만 각각 원래 모집하여 조련한 인원은 있습니다. 무릇 적병이 문정에 임박하여 눈썹을 휘날릴 정도로 급하게 되면 군사를 조련하는 일은 허둥대는 것이 이와 같을 것이니 만일 다시 충돌할 때는 속수무책으로 죽기를 기다릴 뿐일 것입니다. 해로와 바람이 편한 이때의 기세를 타고 산동의 군량 수만여 석을 급히 내어 도성으로 옮겨 운송해서 위급함을 구한 연후에야, 일체의 선후책을 조처할 수 있을 것입니다.

또한 왜적은 원래 상국으로 가는 길을 통하게 해 달라는 것을 명분으로 삼았는데, 소방이 거절하고 받아들이지 않자, 수모를 당한 것이 여기에 이르렀습니다. 지금 요동도사의 자문을 보니 사은하는 왜사가 대마도를 경유하여 지시를 기다린다는 말이 있었습니다. 만약 이렇다면 소방의 화는 오히려 여기에 있을 것이니 후일의 근심은 오늘날보다 클 것이며 천조가 간사한 싹을 꺾어 울타리를 단단하게 하는 뜻 또한 아닐 것입니다. 왜정은 교사하여 수많은 단서로 일을 삼아 흔단을 일으키는 것이 일상적 행태입니다. 소방이 이렇게 잔파된 형세에서 다시 왜사가 왕래하는 길을 만들어 두면 한 번 사은한 뒤로는 오히려 조공을 바친다고 칭탁하며 오는 것을 불가하다고 해도 이어서 오는 경우가 끊이지 않을 것이니 장차 어떻게 상대할 것입니까. 허용한다면 화를 초래할 것이고 불허한다면 원한이 쌓일 것이니 우려할 만한 정세가 비단 전일의 화에 그치지 않을 것입니다. 또한 소방은 요·계와 연접하고 압록을 경계로 삼아 사이를 두고 있으니 매우 가까운 거리에 있습니다. 만약 왜사가 소방을 통로로 삼는다면 비단 소방의 불행일 뿐 아니라 아마도 상국에게 좋은 계책이 아니라고 생각합니다. 지난날 총독 고(양겸)의 제본에서 「비록 왜적에게 통공을 허락한다 해도 10년을 기한으로 하고 영파부를 통하게 하십시오.」라고 하였습니다. 소방의 사람들은 감히 편리한 말이라고 스스로 단정하지는 않겠습니다. 사세를 헤아려 보면 실로 이와 같으니 이것이 그 사리가 선후책에 관계된 바이며, 아마 이보다 중요한 것은 없을 것으로 생각합니다.

하나. 중국에서 왕래하는 차견 인원들이 소요를 일으키고 있지 않은지, 지금 주둔하면서 지역에 해를 끼치는 자가 있으면, 조사하여 밝혀 비밀리에 보고하여 때가 이르면 붙잡아 오는 일의 근거로 삼을 수 있도록 할 것.

앞의 건을 살펴보니, 대병(명군)이 철군한 이후, 혹 낙오한 관군 및 객상들이 상사의 표첩을 가지고 오거나 혹 공차원역을 칭하거나 혹 도망병을 잡는다고 하면서, 경성과 연로 지역 등에서 술과 음식을 수색하거나 역참의 말을 함부로 타기도 했지만 여러 차례 경략군문 및 유총병이 내건 금약(禁約)을 받든 이후로는 이러한 폐단이 조금 사라졌습니다. 근일에 또 소속된 곳이 없는 무뢰한과 객상·장사치들이 거짓으로 공무를 칭하며 지역을 돌아다니면서 주현의 역참 관리와 패거리 등을 이치에 맞지 않게 가두고 때리며 주포(紬布) 등의 물건을 요구하여 이를 가지고 뇌물을 삼고자 합니다. 심지어 민호에 침입하여 가축을 강탈하거나 행로에서 장대(裝帶)를 빼앗기도 하나, 저 사람들은 상국의 군민에 관계되므로 비록 소방을 침요함이 있더라도 이치상 조사하여 나처하기는 어렵습니다. 번거로이 귀사에 청하건대, 특별히 불쌍히 여기시어 전항의 사정을 살펴 각 해당 공차원역 및 왕래하는 이들을 신칙해서 한차례 단속하여 말썽 부리는 일로 지방에서 강제로 물건을 요구하거나 소란을 일으켜 피해를 입히지 않게 해 주시면 매우 다행이겠습니다.

하나. 해국 연도의 공관아문은 번거롭겠지만 헤아려 깨끗하고 견고하게 수리하여 임시로 머무르는 데 편의를 제공할 것.

앞의 건을 살펴보니, 소방은 의주에서 경성에 이르기까지 단지 천여 리 안에 불과합니다. 의주에서 평양, 충청에서 전라까지 연도에 공관을 겨우 갖추고 있으며, 그 나머지 주현의 역참은 모두 왜적의 방화를 입어 하나도 남아 있지 않습니다. 소방의 민력이 탄갈하였기에 하나하나 짓지 못하고 단지 해당 지방에서 와포를 만들어 왕래하는 공차원역을 기다리거나 군관을 번갈아 조발하고 있을 뿐입니다. 지금 자문의 내용에 의거하여 즉시 연로의 주현 등 관사에 명하여 각해 공관아문을 깨끗하고 견고하게 수리하도록 하되 적의 방화를 겪은 곳은 헤아려 민정을 징발하여 편의에 따라 짓도록 하겠습니다. 다만 짧은 기간에 완료하지 못하여 머무르는 데 방해가 되고 견책을 받게 될까 두렵습니다.

이 자문을 흠차분수산동포정사사에 보냅니다.

만력 23년 3월 21일.

32. 都司查議留兵月銀口粮等事
68a-71a(137~143쪽)

遼東都指揮使司,

爲 欽奉聖諭 事.

本年正月三十日申時, 蒙欽差總督薊遼保定等處軍務兼理粮餉經理禦倭兵部左侍郎兼都察院右僉都御史孫.133)

准兵部咨.

該本部院會同, 巡撫遼東地方都察院右僉都御史李題擬.134)

先調發海防營浙兵三千七百餘名, 前去朝鮮協防. 仍令分守參議楊前往釜山等處, 稽查覆實倭退之後, 即分撥我兵同該國將領踏勘各島·浦. 如係險要, 即令朝鮮分兵防守. 務使沿海一淸, 事定之後, 我兵留彼者, 行月二餉·本折是否, 可全于彼地設防, 逐一從長計議. 等因.

該本部議照, "封日本, 所以保朝鮮, 亦所以省我兵餉. 今調浙兵協

---

133) 손광으로부터 받은 문서의 종류가 생략돼 있다. 아래의 내용을 통해 첩문(帖文)임을 알 수 있다.
134) 본문의 '擬'는 문서의 초안(起草)으로 해석했다.

防，必朝鮮自備行月·本折糧餉. 斯在我無糜費之虞，在彼獲久戍之益. 合候命下，移文遼鎮督撫衙門，先行朝鮮國王預備糧餉報完量，調浙兵前去協防，不得如前將劉綎兵餉，全靠天朝，以致虛糜難繼.”等因. 題. 奉聖旨.

俱依議行.

欽此. 欽遵. 備咨前來.

准此. 爲照，所調海防營兵馬駐守外藩，行·月糧餉必從優厚，亦應照依川兵支粮事例支給，方爲妥當. 且兵部議覆，必候朝鮮國備完粮餉而後發兵. 今准前因，擬合就行. 爲此，帖仰該司官吏，照帖備該部題奉欽依內事理，即便備云，轉咨朝鮮國王，照依後開官兵合用粮餉，速行預備. 如係折色，照註定數目，如係本色，即照該國價値算給，務合各該銀兩之數，聽候調發兵馬支用. 仍查去歲秋收，何地粮餉有餘，其地險要可以屯兵若干，所備粮餉可足幾月支用値. 今春融播種之際，該國嚴行各道諭令，小民趂時佈種，亦可以爲接濟之計. 先取該國備過粮餉數目及行過緣由，作速呈報以憑發兵施行，毋得違錯未便. 等因.

蒙此. 擬合就行. 爲此，合咨前去，貴國煩查備完粮餉若干，要見折色，註定數目，如係本色，即照該國價値算給，務彀各該銀兩之數，聽候發兵支用. 仍查去歲秋收，粮餉若干，有無餘剩若干，其地險要，可以屯兵若干，所備粮餉可足幾月支用. 即今春融播種之際，該國嚴行各道諭令，小民趂時佈種秋成，以爲接濟之計. 仍將備過粮餉數目并行各道緣由，作速回復交與差去人員齎來，以憑立等轉報施行. 須至咨者.

計開

海防營官兵. 三千七百餘員名

將官一員日支銀 一錢七分五釐

中軍一員日支銀 一錢一分

千摠六員 每員日支銀 一錢

旗·牌·把摠等官四十員 每員日支銀 八分

書記五名 每名日支銀 六分

哨長八十名 每名日支銀 六分

兵三千五百七十餘名 每名日支銀 五分

馬二百匹 每匹日支銀 二分. 以上.

行糧 每月共該銀五千七百五十兩五錢五分

月糧 至中軍以至官兵 與行糧數同 共該銀五千六百三十兩五錢五分 惟無將官并馬糧草二項銀兩. 以上.

行月二糧 每月該銀 一萬一千三百八十一兩零.

右咨朝鮮國王.

萬曆二十三年二月初八日.

발신: 요동도지휘사사

사유: 삼가 성유(聖諭)를 받드는 일입니다.

[요동도지휘사사] 올해 1월 30일 신시에 흠차총독계료보정등처군무겸이양향경리어왜병부좌시랑겸도찰원우첨도어사 손(광)으로부터 (헌첩을) 받았습니다.

[손광] 병부로부터 받은 자문입니다.

[병부] 본부원(손광)과 회동한 순무요동지방도찰원우첨도어사 이(화룡)[135] 의 제본 초안에 대한 것입니다.

[이화룡] 우선 해방(海防) 군영에서 절강병 3,700여 명을 차출해 조선으로 가 (조선군과) 함께 방어하도록 하십시오. 덧붙여 분수참의 양(호)으로 하여금 부산 등지로 가서 일본군이 물러간 이후의 상황에 대해서 면밀하게 조사하고 확인한 후에 즉시 우리 병사와 해국 장령을 나누어 뽑아 각 섬과 포구를 현지 조사하도록 하십시오. 만약 험요와 관계된 곳이면 즉시 조선으로 하여금 병사를 나누어 방수하도록 하십시오. 힘써 연해 지역을 깨끗이 쓸어 버려 일이 평정된 후 그 지역에 머무는 우리 병사들이 그곳에서 방어할 때 행량(行粮)과 월향(月餉) 두 항목의 군량 그리고 본색(本色)과 절색(折色)을 온전히 지급받을 수 있을지 없을지에 대해서 하나하나 장책(長策)을 따라 논의해야 합니다.

[병부] 본부에서 「일본(왕)을 봉하려는 것은 조선을 지키고자 함이며 또한 우리 군대의 군량을 덜고자 함입니다. 지금 절병을 조발하여 (조선과) 함께 방어할 경우 반드시 조선은 스스로 (우리 군사의) 행량과 월향 및 본색과 절색의 군량을 마련해야 합니다. 이는 우리로서는 낭비하는 염려를 없애는 것이요 저들로서는 (명군이) 오랫동안 지킬 수 있는 이익이 있는 것입니다. 마땅히 (황제의) 명이 내리기를 기다려 요동의 독무 아문에 자문을 보내되 우선 조선국왕에게 자문을 보내어 양향을

135) 문서 9에 등장하는 欽差巡撫遼東地方賛理軍務兼管備倭都察院右僉都御史(흠차순무요동지방찬리군무겸관비왜도찰원우첨도어사) 이화룡이다. 『事大文軌』 卷12, 都司咨令降倭分籍各營 萬曆二十三年 正月初九日.

준비하여 온전히 쓸 수 있는 (군량의) 양을 보고하도록 한 후 절병을 조발해 (조선군과) 함께 방어하도록 함으로써 이전처럼 유정이 오로지 조정에 의지하여 군량을 헛되이 낭비함으로써 (군대를) 유지하기 어렵게 한 데 이르지 말도록 하십시오.」라는 내용으로 의논하여 검토했습니다. 제본을 올려 성지를 받았습니다.

[황제] 모두 의논한 대로 하라.

[병부] 이와 같이 공경히 받들어 삼가 준행해야 하겠습니다. 자문을 갖추어 보냅니다.

[손광] 이를 받고 살펴보건대 해방의 군영에서 병마를 조발해 외번에 주둔시켜 지키게 할 때에 행량과 월향은 반드시 여유 있게 마련해야 하고 또한 사천 병사에게 지급된 군량의 사례에 따라야 가장 타당합니다. 그리고 병부에서 의복하기를 반드시 조선이 양향을 준비해서 완전히 갖추기를 기다려 군대를 보내야 한다는 것입니다. 이번에 위의 문서를 받아 헤아려 보건대 곧바로 시행해야 할 것입니다. 이에 첩을 해사 관리에서 내리니 첩에 갖춘 해부가 제본을 올려서 받은 황제의 뜻이 담긴 내용을 살피고 즉시 첩문 속 해부의 자문 내용으로 갖추어 조선국왕에게도 자문을 보내어 황제의 뜻을 따라 후면에 기재된 마땅히 관병에 소요될 양향을 속히 예비하도록 하십시오. 절색인 경우 정해진 각각의 숫자를 기록하고 본색이면 해국의 가격으로 계산하여 지급하되 해당하는 각 은량의 수를 합해 병마를 조발하기를 기다렸다가 지출하도록 하십시오. 덧붙여 작년 가을의 세수에서 어느 땅에 양향을 위한 여유분이 있으며 험요한 곳이라 방수해야 한다면 군사가 몇 명이 주둔할 수 있으며 준비한 양향은 몇 개월 치를 지출할 수 있을지 조사하도록 하십시오. 지금은 해빙기로 파종하는 때이니 해국은 각 도에 엄히 명을 내려 백성들이 때맞춰 씨를 뿌리고 또한 접제할 것을

계획하도록 하십시오. 우선 해국이 (이미) 준비해 놓은 양향의 개별 숫자와 시행 경과를 득해서 즉시 정보(呈報)하면 군대 동원의 근거로 삼도록 할 것이니 어긋나 불편함이 없도록 하십시오.

[요동도지휘사사] 이를 받들어 헤아려 보건대 마땅히 곧바로 시행해야 하겠습니다. 이에 마땅히 자문을 보내니 귀국은 번거롭더라도 준비한 양향의 총수가 얼마인지를 조사하되 절색을 보고자 하니 정해진 각각의 수목을 기록하고 본색의 경우에는 해국의 가치로 계산해 지급할 수 있도록 해당 은의 수를 정확히 산정했다가 군대 동원할 때를 기다려 지불하는 데 힘쓰도록 하십시오. 덧붙여 작년 가을의 세수에서 양향은 얼마이고 여유분은 얼마나 되며 험요한 곳이라면 군사가 몇 명이 주둔할 수 있고 준비한 양향은 몇 개월치가 지출에 충족할지를 조사하도록 하십시오. 지금은 해빙기로 파종하는 때이니 해국은 각 도에 엄히 명을 내려 백성들이 때맞춰 씨를 뿌리고 가을에 수확하여 접제할 것을 계획하도록 하십시오. 덧붙여 귀국이 이미 준비해 놓은 양향의 개별 숫자와 각 도의 시행 경과에 대해서 즉시 회자해 차거인에게 넘겨 가지고 오면 이를 근거로 바로 전보할 것입니다. 자문이 잘 도착하기를 바랍니다.

첨부 내역

해방 군영의 병사. 3,700여 명.

장관 1원에게 하루 지급되는 은 1전 7푼 5리

중군 1원에게 하루 지급되는 은 1전 1푼

천총 6원에게 각각 하루 지급되는 은 1전

기·패·파총 40원에게 각각 하루 지급되는 은 8푼

서기 5명에게 각각 하루 지급되는 은 6푼

초장 80명에게 각각 하루 지급되는 은 6푼
병사 3,570명에게 각각 하루 지급되는 은 5푼
말 200필에 각각 하루 지급되는 은 2푼. 이상.
행량: 매달 지급되는 은 총 5,750량 5전 5푼.
월량: 중군부터 일반 병사에게 행량과 동액으로 지급되며 총 5,630량 5전 5푼.

단, 장관과 말에 대해서는 양향과 마초 두 항목의 은량 지급이 없음. 이상.
행량과 월향으로 매달 지급될 은의 총액 1만 1,381량.

이 자문을 조선국왕에게 보냅니다.

만력 23년 2월 8일.

33. 回咨
71a-73a(143~147쪽)

朝鮮國王,

准來咨, 該爲 欽奉聖諭 事. 云云. 等因.

准此. 今該前因[136], 當職爲照, 仰惟皇朝許撥浙兵, 要劄南邊協防險口, 其應支粮餉, 務要先期措辦, 庶幾不致窘缺. 第以小邦久被兇禍, 財力蕩竭, 百計調度, 委難支撑. 先准文內事理, 已將該撥三千兵馬, 足彀八箇月糧料等情, 咨復. 去後, (今該前因,)[137] 今查前項粮餉. 只可供給三千兵八箇月糧者, 蓋查日前支給浙兵一日三升之例而言也. 如今支給三千兵行·月二糧而加給二升, 則一兵一日之糧, 總計一斗也. 三千兵一月之糧, 約九千石零, 然則二萬石, 纔勾三千名二箇月糧. 以後雖欲竭力措辦, 更無搬運接濟之地. 比先總府劉駐箚南邊, 原領軍兵該支糧餉, 俱資小邦應辦之路. 其議月銀果是天朝關支所用, 彼此幇助, 僅得支過. 其在今日經用已竭, 措備無策. 但係行糧, 自當儘力措辦, 月銀則要須上國官司另項搬措, 可勾支用. 及查上年, 雖令各處設屯耕種, 該收米穀, 其數不敷些

---

136) 원문의 '今該前因'는 잘못 삽입된 것으로 보인다.

137) 앞의 '今該前因'는 여기에 들어가는 것이 문맥상 더 자연스럽다.

少, 資補不至餘裕. 及今春融, 已令該管官曹遍行各處原委官役, 多設牛具, 督令播種. 至其險要去處, 如慶州·密陽·宜寧等處要害, 及巨濟·閑山島·長鬐海口等處, 已有小邦將領高彦伯·金應瑞·李時言·李舜臣·李億祺·裵楔等, 各領水陸軍兵, 或一二千名, 或四五千名, 多少不等, 把截隄備. 而該支粮餉, 專靠忠清·全羅等四道收合搬運之米, 而前項各道州縣, 或被賊殘破, 或民力殫竭, 不得一齊搬運. 以此各處粮餉, 常患不敷, 軍皆飢餒. 若是, 添調兵衆協助防守, 該供粮餉, 尤難接濟. 但照原開糧餉一節, 官兵總·哨, 共該行粮銀, 五千七百五十兩五錢五分. 兌折米粮, 可勾輳數應用. 第念, 比先兵·將一日該支米九升, 千摠以下, 遞減至七升·五升. 今査折銀增添數多, 其計兵卒該粮, 亦至五升, 比較前數, 又爲倍蓰, 而兼有月粮該支數目, 實行粮總該銀, 果計每月一萬一千三百八十一兩零, 合折米數, 一箇月內, 幾至萬石, 雖或殫竭, 見數無裨萬一. 今准咨內事理, 就令該曹商確措處, 至日, 另行査報. 爲此, 合行回咨, 請照驗轉報施行. 須至咨者.

右咨遼東都指揮使司.

萬曆二十三年三月二十一日.

발신: 조선국왕

사유: 보내온 자문을 받으니, 「삼가 성유(聖諭)를 받드는 일입니다. 운운」 하였습니다.

이를 받고 당직이 생각해 보건대 황조가 절병의 조발을 허락하여 남쪽 변방에 주둔시켜 (조선군과) 함께 험구를 방어토록 하시니 그에 맞게 지출될 양향은 반드시 미리 재원을 마련하는 데 힘써야 거의 모자람이 없게 될 것입니다. 다만 소방이 오랫동안 흉화를 입어 재력이 고갈된지라 백방으로 조도하고자 하나 실로 지탱하기 어렵습니다. 이전에 받은 3,000 병마를 조발할 것이라는 자문 내용과 관련해서는 8개월 치 양료를 맞출 수 있다는 내용으로 회자했습니다. 이러한 조치를 다한 후 이번에 위의 자문을 받아 전항의 양향을 조사했습니다. 3,000 병사의 8개월 치 월량만을 준비할 수 있다는 것은 이전에 절병에게 지급한 하루 (쌀) 3승의 예를 조사해서 말한 것입니다. 이제 만약 3,000 병사의 행량과 월량을 지급하고 더하여 2승을 지급한다고 하면 한 병사의 하루 지급 양향은 총 1두가 됩니다. 3,000 병사의 한 달 양향이 약 9,000석이니 그런즉 2만 석은 겨우 3천 명의 2개월 치 양향을 감당할 수 있는 것입니다. (두 달이 지난) 이후에 비록 힘을 다하여 재원을 마련한다고 하더라도 더 이상 운반하여 접제할 수 없는 지경에 이를 것입니다.

이전에 유정 총부가 남쪽 변방에 주둔할 때 원래 거느린 군병으로 하여금 양향을 조달케 했고 소방이 (그) 수요에 따라 재원을 마련하는 방도를 도왔습니다. 그때 월은이 천조의 관방을 보전하는 데 쓰이는 것이니 서로 거들어 돕자고 논의해서 겨우 지탱할 수 있었습니다. 오늘날에는 매일 지출하는 비용이 이미 다하여 조치해 준비한다고 해도 대책이 없습니다. 다만 행량에 있어서 스스로 힘을 다해 조치하여 처리했으나 월량에 소요되는 은은 모름지기 상국의 관사에서 특별 항목으로 옮겨야 지출을 담당할 수 있습니다. 그리고 조사해 보니 작년에 비록 각 처에 둔전을 설치해 경종했지만 그 거둔 미곡은 양이 대단히 적어 (양향 조달을) 거들어 보조하기에는 여유가 없는데 이르렀습니다. 그리고 올봄에 이미 해당 관조(官曹)로 하여금 두루 문서를 보내어 각처의 원래 담당한 관리에게 경우(耕牛)와 농기구를 많이 동원해서 파종을 감독하도록 했습니다.

험요 지역과 관련해서는 경주·밀양·의령 등처의 요해지와 거제·한산도·장기 등처의 바닷길 입구에 이미 소방의 장령 고언백·김응서·이시언·이순신·이억기·배설로 하여금 각각 수군과 육군을 거느리게 했는데 혹은 1, 2천 명 혹은 4, 5천 명으로 병력 수는 다르지만 방비하고 있습니다. (그들에게) 지급하는 양향은 전적으로 충청·전라 등 4개의 도에서 거두어 운반한 쌀에 의존하고 있는데 전항의 각 도와 주현이 혹 적의 피해를 받아 잔파됐거나 혹 민력이 모두 다하여 한꺼번에 운송할 수 없습니다. 이로 인하여 각처의 양향은 늘 부족함에 시달려 군사들이 모두 굶주리고 있습니다.

이와 같은데, 추가로 병사를 조발하여 서로 협력해 방어한다면 (조선이) 공급해야 할 양향은 더욱 접제하기가 어렵습니다. 단, 원래 열거한 양향 한 절목을 살펴보건대 파총과 초관을 포함한 관병(명군)의 총 해당 행량 은은 5,750냥 5전 5푼입니다. 절미로 교환해서 모은 액수를 응용할 수 있을 것입니다. 다만 생각해 보건대, 이전에 병사와 장관의 하루 지급 쌀은 9승이고 천총 이하는 순차적으로 줄어들어 7승과 5승이었습니다. 지금 조사한 절은(折銀)은 액수가 증가해서 병졸의 양향도 역시 5승에 이르니 이전의 액수와 비교하면 두 배로 불어났고 아울러 월량으로 지급해야 할 해당 수목이 있으니 실제 행량 은의 총액은 결과적으로 매월 1만 1,381냥인데 절미의 액수를 합한다면 1개월 내에 거의 만석에 이를 것이니, 비록 남김없이 다 쓴다고 해도 현재의 수효로는 만의 하나에도 보탬이 되지 못합니다. 지금 받은 자문의 내용과 같이 해조에게 명하여 의논해 조처하게 했으니 (회답이) 도착하면 별도로 조사하여 보고하겠습니다. 이에 마땅히 회자하니 청컨대 살펴서 전보해 주십시오. 자문이 잘 도착하기를 바랍니다.

이 자문을 요동도지휘사사에 보냅니다.

만력 23년 3월 21일.

34. 都司咨令本國封使官丁欽賜銀兩買粮食用

73a-76a(147~153쪽)

遼東都指揮使司,

爲 欽奉聖諭 事.

蒙欽差總督薊遼保定等處軍務兼理粮餉經略禦倭兵部左侍郎兼都察院右僉都御史孫憲帖.

准兵部咨.

職方淸吏司案呈.

奉本部送.

據朝鮮陪臣尹根壽等呈. 粮銀一事.

伏蒙台諭, 一則欲移咨總督軍門, 一則謂主張在戶部, 而戶部既不肯許矣. 獨未審大部已咨軍門與否, 不敢遽自觖望而退. 仍竊伏念, 戶部之不肯許, 大部似亦重難焉者. 誠必以今日封事之行, 正爲息兵省費, 而兵既不用, 粮固不當撥也. 顧卑職等所爲懇望者, 非必戰餉之謂也. 但以小邦雖蒙皇恩, 倭果盡退, 而兵火饑疫之餘, 農業未復之間, 誠無以自立保守其疆域.

將天朝三年東顧以存全之者, 終於爲積屍之區, 此其君臣日夜痛泣者也. 上年卑職·崔岦來京之時, 小邦專差告糴陪臣到於遼陽, 傳聞岦等得請二萬餘粮, 而馳啟寡君. 寡君以謂天恩果若至此, 何敢更以糴請, 卽追原差陪臣回去. 此乃其時總督顧所知也. 厥後岦等復命, 則寡君雖知二萬餘粮以待兵出非時撥與者, 而因亦寢告糴之奏. 于! 時一國生靈餓死不救者, 何可勝紀耶! 洎至于今以兵不出, 故二萬餘粮, 竟又不可得, 其公私匱急, 一年甚於一年, 盖自始聞恩許, 喁竣之勤, 何嘗自已也哉. 伏惟皇上天地父母之慈, 萬一下燭事情, 則豈以二萬餘粮爲難, 果收已降之恩哉. 況旣爲之存全其國, 而不恤其不能保守, 尤必非聖慈所忍也. 此卑職等所以不避煩瀆, 更冒嚴威之下. 盖亦竊以上年之事, 專出宛轉圖濟之盛意也. 如或粮以難運故難撥, 則代之以銀, 猶且爲幸者. 小邦山海幽僻去處, 或有稍全農戶, 不無些少貯粟, 而前此募括已煩, 不可更爲. 今若得銀, 則可以隨便收貿. 且於鴨綠中江開市, 亦有得米之路矣. 此又在當事之地, 體奉聖慈容一方便施行者也. 伏乞更加矜察與入訏謨之際, 以竟大德焉. 卑職等不勝墾迫僥冀之至. 等因.

到部. 送司案呈到部.

除粮餉一節, 移咨戶部, 議處鴨綠中江開市果否便, 益聽督撫酌議外, 照得, 近奉明旨, 遣使册封. 及遊擊沈惟敬宣諭釜倭盡數歸國, 已經欽遵行訖. 封日本者, 爲保朝鮮也. 所有長隨·親丁五百餘名, 量帶寬奠官丁一千員名, 其行糧·草料等項, 似應該國辦給. 今皇上念其殘破之餘，復字小之仁，各給以本 · 折定以數目，責令沿途自買，皇仁可爲至矣．第館舍處所，該國自當預備，本色草料，亦應該國辦下，聽各官兵平買，勿致臨期缺乏．爲此，合咨前去，煩照來文事理，轉行朝鮮國王，一體查照施行．等因．

准此．擬合就行．爲此，帖仰該司官吏，照帖備該部咨文內事理，即便備云，轉咨朝鮮國王，遵照行令各館舍處所，作速預備本色粮料 · 草束，聽候奉使等官 · 長隨 · 親丁五百名，幷寬奠官兵一千員名，到彼買用，勿致臨期缺乏不便．先取備過緣由，呈報查考，毋得違錯未便．等因．

蒙此．擬合就行．爲此，合咨前去，貴國煩將查照該部咨文事理，遵照行令館舍處所，作速預備本色粮草等項，安派停當，聽候奉使等官 · 長隨 · 親丁五百名，幷寬奠官兵一千員名，到彼買用，勿致臨期缺乏，有悞不便．先取該國備過各館舍處所粮料 · 草束數目，希速回復，交與差去官員齎來，以憑入等轉報施行．須至咨者．

右咨朝鮮國王．

萬曆二十三年二月二十六日．

발신: 요동도지휘사사

사유: 삼가 성유(聖諭)를 받드는 일입니다.

[요동도지휘사사] 흠차총독계료보정등처군무겸이양향경리어왜병부좌시랑겸도찰원우첨도어사 손(광)의 헌첩을 받았습니다.

[손광] 병부의 자문을 받았습니다.

[병부] 직방청리사의 안정입니다.

[직방청리사] 본부가 (검토하라고) 보낸 문서는 다음과 같습니다.

[병부] 조선 배신 윤근수 등의 정(呈)을 받았습니다. 양은(粮銀)에 대한 것입니다.

[윤근수] 큰 가르침을 받으니 하나는 총독군문에 이자하고자 한다는 것이고 다른 하나는 (관련 사항을) 호부(戶部)가 주재하나 호부는 이미 허락하기를 꺼렸다는 것입니다. 단지 대부(大部)[138]에서 아직 군문에 이자했는지를 살피지는 못했으나 감히 황급히 스스로 바라는 대로 이루어지지 않는다고 원망하며 물러설 수 없습니다. 덧붙여 가만히 삼가 생각해 보건대 호부가 꺼리는 것은 대부도 또한 버겁고 어렵게 여기기 때문인 것 같습니다. 실로 반드시 오늘날 봉사(封事)의 거행은 바로 군사를 휴식케 하고 비용을 덜고자 함인데 병사를 아직 동원하지 않았으니 양식은 결코 조발할 수 없는 것입니다. 돌이켜 비직 등이 간절히 바라는 바는 전쟁의 군량만을 말하는 것이 아닙니다. 그저 소방이 비록 황은(皇恩)을 입어 왜적이 마침내 모두 돌아가지만 병화로 인한 기아와 질병이 발생한 나머지 농업이 아직 회복되지 않은 중이라 진실로 자립해서 영토를 지킬 수 없습니다. 천조가 3년간 동쪽을 돌아보시어 보전하게 된 것이 끝내 시체가 쌓인 곳이 될 것이라 이것이 매일 밤 군신이 통곡하는 까닭입니다.

작년 비직과 최립이 북경에 갔을 때 전차고적 배신이 요양에 이르러 최립 등으로부터 2만여 양곡 요청을 허락 받았다는 소식을

138) 병부를 지칭한다.

전해 듣자 과군(寡君)[139]에게 치계했습니다. 과군이 '천조의 은혜가 과연 여기까지 이르렀으니 어찌 감히 다시 쌀 매입을 요청할 수 있겠는가'라고 하여 즉시 원래 차정한 배신을 뒤쫓아 되돌아오도록 했습니다. 이에 관해서는 당시 고 총독(고양겸)이 아는 바입니다. 그 후 최립 등이 복명해서 과군이 2만 여 군량은 비상시 조발하는 명군의 출병을 기다려야 공급되는 것이라는 것을 알았지만 또한 그렇다고 해서 곡식을 요청하는 주청을 올리지는 않았습니다. 아! 당시 일국의 생령이 굶어 죽어 구하지 못한 자를 어찌 이루다 기록할 수 있었겠습니까? 지금에 이르기까지 (명에서) 군병을 조발하지 않았기에 2만 여 군량을 끝내 얻지도 못했고 (조선의) 공사가 위태롭게 돼 해가 갈수록 더 심해지고 있으니 대개 처음부터 은혜롭게 허락해 주신다고 들어서였지 언제 해결해 주시라고 울부짖는 것을 멈추기를 스스로 그친 적이 있었겠습니까?

삼가 생각해 보건대 황상께서 천하를 자애롭게 대하시는 부모의 마음으로 만일 사정을 굽어 살피신다면 어찌 2만여 군량을 어렵게 여기셔서 끝내 이미 내리신 은혜를 거두고자 하십니까? 하물며 이미 (조선을) 위하여 나라를 보전케 하시고는 능히 지키지 못함을 긍휼히 여기시지 않는다면 더더욱 성자(聖慈)의 인내하는 바가 아니실 것입니다. 이것이 비직 등이 번거로움을 마다하지 않고 황상의 위엄(嚴威)에 저촉되기까지도 하는 까닭입니다. 또한 가만히 살펴보면 작년의 일이 전적으로 (조선을) 온전히 구제하기를 도모하려는 각별한 애정(盛意)에서였습니다. 혹 만약 군

139) 선조를 지칭한다.

량을 운반하기 어려운 이유로 출병을 못한다면 은(량)으로 대신하는 것이 또한 다행일 것입니다. 소방이 산과 바다의 궁벽한 곳에 있지만 간혹 (소출이) 온전한 농가가 있어 남은 곡식이 조금이나마 있지만 이전에 곡식을 모으는 것이 매우 번거로워 더 시행할 수 없었습니다. 이제 만약 은(량)을 얻는다고 하면 편의에 따라 (곡식을) 모아 교역할 수 있을 것입니다. 그리고 압록강 중강(中江) 지역에서 개시(開市)하는 방법 역시 쌀을 얻을 수 있는 방법일 것입니다. 이 또한 일이 관계된 상황에 달려 있으나 성자(聖慈)를 본받아 아마도 한 번 시행해 볼 수 있는 방안입니다. 삼가 바라건대 원대한 계획 속에 더욱 더 긍휼히 살펴 주셔서 대덕(大德)을 이루십시오. 비직 등은 간절히 다행함을 바라는 지극한 마음을 말로 다하지 못할 것입니다.

[병부] 본부에 도착했습니다. 직방청리사로 보냈고 그에 대한 안정이 본부에 이르렀습니다.

[직방청리사] 양향에 대해서는 호부에 이자하여 압록(강) 중강 개시가 끝내 어렵다는 의견으로 논의해 처리했지만 독무(손광)가 헤아려 논의한 바를 더 기다리는 것 외에도, 살펴보건대 최근 성지를 받들어 사신을 보내 책봉했습니다. 또한 유격 심유경이 부산에 둔거한 왜적에게 모조리 돌아갈 것을 삼가 선유했으니 성지를 준행한 것입니다. 일본(왕)을 책봉한 것은 조선을 보전하기 위함입니다. 책봉을 위해 파견될 관리가 직접 거느릴 하속 및 친속 500여 명과 적절히 헤아려 대동할 관전보 관원 1,000명의 행량과 양초의 항목에 대해서는 해국(조선)이 책정해서 조달해야 할 것 같습니다. 지금 황상께서 조선이 잔파됨을 측은히 여기신 나머지 자소(字小)의 인애함을 거듭 베푸셔서 각각

본색과 절색으로 항목 수를 정하여 공급해 연도(沿道)에서 구입하도록 하셨으니 황상의 인자하심이 지극하신 것입니다. 다만 관사에서 소용되는 경비는 해국에서 마땅히 예비하고 본색으로 조달할 양초도 마땅히 해국에서 맡아 처리해서 (명에서 오는) 각 관리와 병사를 기다려 싼값으로 구입함으로써 기한에 이르러 부족함이 없도록 해야 합니다. 이에 마땅히 자문을 보내니 번거롭더라도 송부한 자문 내용을 잘 살펴 조선국왕에게 전달하여 일체 조사하도록 하십시오.

[손광] 이를 받고 헤아려 보건대 마땅히 곧바로 시행해야 하겠습니다. 이에 첩을 해사 관리에게 내리니 첩에 갖춘 해부(병부)의 자문 사리를 살피고 즉시 첩문 속 해부의 자문 내용으로 갖추어 조선국왕에게도 자문을 보내어 (성지를) 따라 준행하여 각 관사 처소에 명해서 즉시 본색 양료와 초속을 준비하고 봉사 등 관리·하속·친속 500명과 관전보 관병 1,000여 명을 기다려 조선에 이르면 매매를 통해서 경비를 지출할 수 있도록 하되 기한에 이르러 부족함이 있어 불편하지 않도록 하십시오. 먼저 (조선에서) 준비한 연유를 득하여 정문으로 보고하도록 해서 조사하고 살핌에 선후가 엇갈려 불편함이 없도록 하십시오.

[요동도지휘사사] 이를 받고 헤아려 보건대 마땅히 곧바로 시행해야 하겠습니다. 이에 마땅히 자문을 보내니 귀국에서는 번거롭더라도 해부의 자문 내용을 살피고 (성지를) 따라 준행하여 즉시 각 관사 처소에 명하여 본색 양료와 초속 등의 항목을 준비하도록 해서 순조롭고 합당하게 하고 봉사 등 관리·하속·친정 500명과 관전보 관병 1,000여 명을 기다려 (조선에) 이르면 매매를 통해 경비를 지출할 수 있도록 하고 기한에 이르러 부족함이 발생해 그릇됨이 있거나 불편함이 있지 않도록 하십시오. 우선 해국에서 이미 준비한 각 관사 처소의 양료와 초속의 수목을 득하여 바라건대 속히 회자해

차거관원에 넘겨 가져오게 하면 이를 근거로 바로 전보하고자 합니다. 자문이 잘 도착하기를 바랍니다.

이 자문을 조선국왕에게 보냅니다.

만력 23년 2월 26일.

35. 回咨

76a-76b(153~154쪽)

朝鮮國王,

准來咨, 該爲 聖諭 事. 云云. 等因.

准此. 查照, 先該, 本年二月內, 據奏請陪臣尹根壽等狀啓. 節該.

該臣等, 在京師, 聽得朝廷旣准封倭, 其册封正副使等官, 當於三月初頭, 起程前去. 等因.

得此. 已經差遣陪臣前赴義州地面, 伺候迎接. 及行沿路一帶官司. 但係館舍供具幷官軍糧草等項, 預先整備. 去後, 今准前因. 竊照, 皇上憐憫小邦殘破已極, 至於封使等官·長隨·親丁等所用粮草, 給以本·折, 許令買換, 當職仰荷皇恩不勝感激. 除將咨內事意, 再行各道將原有站宇, 另行葺理兵燹去處, 並於住址如法修, 盖粮草等項, 雖難預定數目, 急令搬運儲峙, 以備自相買換, 勿致臨期缺乏外, 爲此, 合行回咨, 請照驗施行. 須至咨者.

右咨遼東都指揮使司.

萬曆二十三年三月二十八日.

발신: 조선국왕
사유: 보내온 자문을 받으니, 「성유에 관한 일입니다. 운운」 하였습니다.

이를 받고 조사해 보건대, 앞서 올해 2월에 주청배신 윤근수 등이 올린 장계를 받았습니다. 대략 다음의 내용입니다.

[윤근수] 저희들이 경사(북경)에 있을 때 (명) 조정에서 이미 왜를 책봉하기로 결정해서 책봉 정사와 부사 등 관원들이 삼월 초순에 출발해 떠날 것이라고 들었습니다.

[조선국왕] 이를 받고 이미 배신을 보내어 의주로 가서 (정사·부사 일행을) 만나 영접하도록 했습니다. 그리고 (책봉사가 지나가는) 연로 일대의 관사에 명을 내렸습니다. 단, 관사에서 대접할 물품140)과 관군의 양향 및 초속 등 항목에 대해서는 미리 정비했습니다. 이러한 조치를 다한 후 이번에 위의 자문을 받았습니다. 가만히 살펴보건대, 황상께서 소방의 잔파가 이미 극에 달했음을 가련히 여기셔서 심지어 (책)봉사 등 장관·친속·친정이 사용할 양초를 본색과 절색으로 공급해서 매매하도록 허락하셨으니 당직이 우러러 입은 황은에 지극히 감격할 수밖에 없습니다. 자문의 내용에 대해서 다시 각 도로 하여금 원래의 역참 건물에 대해서 병화를 입은 거처는 특별히 손질하도록 하고 아울러 (사신 일행이) 머무를 곳은 규정에 따라 수선하도록 했으며 양초 등 항목에 있어서는 비록 수목을 미리 정하는 것이 어렵더라도 급

140) 원문의 '供具'은 사신 접대에 필요한 음식, 그릇, 및 기타 물품들로 해석했다.

히 운반해 쌓아 두어 상호 매매에 준비하도록 함으로써 기한에 이르러 부족함이 없도록 한 것 외에도, 이에 마땅히 자문으로 회답하니 청컨대 검토해 주십시오. 자문이 잘 도착하기를 바랍니다.

이 자문을 요동도지휘사사에게 보냅니다.

만력 23년 3월 28일.

동북아역사 자료총서 53

편역 事大文軌 3

초판 1쇄 인쇄 2021년 12월 20일
초판 1쇄 발행 2021년 12월 31일

엮은이 이정일
펴낸곳 동북아역사재단

등 록 제 312-2004-050호(2004년 10월 18일)
주 소 서울시 서대문구 통일로 81 NH농협생명빌딩
전 화 02-2012-6065
팩 스 02-2012-6189
홈페이지 www.nahf.or.kr
제작·인쇄 청아출판사

ISBN 978-89-6187-725-1 94910
978-89-6187-522-6 (세트)